Você tem fome de quê?

Fellipe Silvester

Copyright© 2021 by Literare Books International.
Todos os direitos desta edição são reservados à Literare Books International.

Presidente:
Mauricio Sita

Vice-presidente:
Alessandra Ksenhuck

Capa:
Gabriel Uchima

Ilustrações
Matheus Souza

Projeto gráfico:
Matheus Souza e Sabrina Ferrari da Silva

Revisão:
Rodrigo Rainho

Diretora de projetos:
Gleide Santos

Diretora executiva:
Julyana Rosa

Gerente de marketing e desenvolvimento de negócios:
Horacio Corral

Relacionamento com o cliente:
Claudia Pires

Impressão:
Impressul

Dados Internacionais de Catalogação na Publicação (CIP)
(eDOC BRASIL, Belo Horizonte/MG)

S587v Silvester, Fellipe.
　　　　Você tem fome de quê? / Fellipe Silvester. – São Paulo, SP:
　　　Literare Books International, 2021.
　　　　14 x 21 cm

　　　ISBN 978-65-5922-003-8

　　　1. Literatura de não-ficção. 2. Realização pessoal. 3. Sucesso.
I. Título.
　　　　　　　　　　　　　　　　　　　　　　　　　　　　CDD 158.2

Elaborado por Maurício Amormino Júnior – CRB6/2422

Literare Books International Ltda.
Rua Antônio Augusto Covello, 472 – Vila Mariana – São Paulo, SP.
CEP 01550-060
Fone: (0**11) 2659-0968
site: www.literarebooks.com.br
e-mail: contato@literarebooks.com.br

Sumário

Capítulo 1
Transformação..................................7

Capítulo 2
Atitude..19

Capítulo 3
Propósito.....................................29

Capítulo 4
Sonhos..37

Capítulo 5
Sucesso.......................................43

Capítulo 6
O poder do pensamento positivo............51

Capítulo 7
Pose de poder................................59

Capítulo 8
Escala #5x2...................................67

Capítulo 9
Meio que..................................

Capítulo 10
Entusiasmo................................

Capítulo 11
Objetivo..................................8

Capítulo 12
Inconformismo positivo....................9

Capítulo 13
Acreditar.................................9

Capítulo 14
Crenças limitantes......................10

Capítulo 15
Valores.................................10

Capítulo 16
365 pensar..............................11

Prefácio

São os desafios que nos mudam. Encará-los significa arriscar, ousar, fazer o novo. Por meio dos desafios somos capazes de perceber o agora. Somos capazes, sim, de conquistar tudo aquilo que desejamos. Você nunca terá uma vida sensacional fazendo apenas o que é seguro. Para conquistar, é preciso COMEÇAR. É preciso ação, pois, sem ela, observar o futuro é fantasia. O mundo só vai começar a aplaudir você quando começar a mostrar suas ações.

Quem vai mais longe é aquele que está disposto a fazer e ousar. Aquele que tem garra e que tem sede de ir além. Você somente será capaz de mudar ao seu redor quando transformar o que existe dentro de você. Não se preocupe com quantos passos ainda faltam para o próximo nível, mas sim com a caminhada que você é capaz de fazer hoje. Sou Fellipe Silvester e meu trabalho é fazer com que você acredite no seu potencial e alcance grandes resultados.

Transformação

CAPÍTULO 1

Fellipe Silvester

"O melhor presente que podemos dar ao mundo é a nossa própria transformação."

(Lao Tsé)

Você tem fome de quê?

É muito comum ouvirmos o som que emana da palavra transformação. Parece até melódica. Ela causa uma sensação diferente. Traz o conceito do verbo transformar, que está diretamente ligado à ação e efeito de alguém, algo ou o meio buscando a mudança, procurando pelo transmute. Muitos exemplos se encaixam, desde a cor de cabelo até chegar ao fim de uma guerra. É a caça pela inovação, sair da inércia. A transformação tem, assim, o intuito de ser a passagem de um estado, momento ou perfil para outro. Ela pode ser física, espiritual ou comportamental. É a porta de entrada para uma nova fase. Um fenômeno comum que só depende de você. Eu falo que todos nós possuímos recursos para superar qualquer dificuldade ou obstáculo em nossas vidas. É algo próprio do ser humano. Se você parar tudo que está fazendo e se perguntar se dentro de você tem um recurso que possa impulsioná-lo a buscar essa mudança, você vai perceber que sim. Isso porque o ato de transformar remete ao sucesso, e todo mundo já obteve sucesso em algum momento da vida. Transformar gera resultado, o contrário não é a solução. Um bom exemplo é a cozinha, quem gosta de cozinhar sabe. Quando faço um prato com carinho e cuidado, convido meus amigos para saborear. Se as pessoas comem tudo, eu considero o jantar um sucesso. Nesse momento, estufo o peito, mudo a postura e penso que isso está dando certo. Eu me sinto um grande *chef*. Outro bom meio de inspiração é o grande nome da televisão brasileira, Silvio Santos. Quando jovem, era um vendedor ambulante, e hoje possui bilhões. Isso porque batalhou para alcançar seus objetivos. Teve sede de mudar e crescer. Isso é algo que deve ser valorizado, o sucesso é algo bom, que alimenta a alma. Agora se pergunte: "Eu tenho um sentimento de tranquilidade dentro de mim? Qual é ele?". Você provavelmente vai se lembrar de um momento em que desfrutou disso. Seja deitado na cama, seja no sofá, dirigindo, na praia, em qualquer lugar. Dentro de cada ser humano, existe essa sensação, e nós precisamos buscar através disso. Sabe quando você escuta frases negativas que deixam você para baixo? Coisas que não acrescentam e desmerecem você? Esse é um bom impulso para a transformação. Mas leve em consideração que o que importa não é se a vida vai mudar, mas sim o que vai mudar. Parece confuso? É simples. Bem maior que a mudança que pode acontecer deve ser sua vontade de que aconteça. Se ela for apenas para aumentar sua competência, sua inteligência ou a ambição em auxiliar os indivíduos que cercam você, já valeu a pena.

Nós precisamos buscar tudo isso dentro de cada um. Qual decisão você quer tomar? Algo que pode exemplificar isso é uma pesquisa feita recentemente com idosos que estavam nos seus últimos suspiros de vida no hospital. Para cada um deles, foi feita a seguinte pergunta: qual seu maior arrependimento? Surpreendentemente, todos falaram que se arrependiam do que tinham deixado de fazer e não do que haviam feito. Os sonhos que deixaram de buscar, dos riscos que deixaram de correr, das vezes

Você tem fome de quê?

que dormiram pensando que poderia ser diferente. Mas e você? Eu me pergunto se essa é a resposta que quer dar no final da vida. Partindo disso, qual é a escolha? É ver novas paisagens? Então, não basta caminhar todo dia buscando o mesmo resultado. Todo mundo que faz um propósito coloca uma razão. Assim também é nosso ser. Nós sempre esperamos uma resposta que seja proporcional aos nossos esforços. Assim, está ligado ao meio que o indivíduo vive, o que é exigido dele, sentimentos envolvidos, informações, conhecimentos, entre outras coisas que façam a pessoa sentir vontade e, também, posteriormente, se tornar uma influenciadora de mudança. É cognitivo, natural do ser. É a expansão da mente e do espaço. Mudar pode parecer algo difícil, que requer esforço, positividade e tempo, para que consiga dar passos em direção ao sonho. Muitas vezes encontramos pessoas que nos desanimam e fatores que nos fazem permanecer procrastinando. Esse ato significa deixar para depois, pensar que fazer outro dia seria mais viável. Precisamos abandonar o medo de inovar, devemos adentrar os locais desconhecidos. O imediatismo também é um inimigo do sucesso. É preciso entender que tudo tem um caminho e que devemos percorrê-lo com paciência e sabedoria, absorvendo o máximo de coisas boas. Círculos viciosos são grandes inimigos da perfeição. Assim como eles, as compulsões geram mais necessidades, que devem ser evitadas quando apresentam resultados negativos. Devemos procurar os ganhos, mesmo que secundários, como a humildade e a generosidade. Elas, junto à empatia e ao debate, causam aprendizado e auxiliam todos ao nosso redor. Muitas vezes não preciso alcançar algo sozinho, se contribuir para a transformação de alguém, sei que estou sendo importante para aquela pessoa, junto a isso, para sua transformação.

Isso se denomina crescimento.

É necessário que saibamos abrir mão de muitos benefícios para que futuramente alcancemos algo maior. Como atos diários. Ninguém gosta de fazer os serviços de casa, com isso podemos entender que os atos devem ser feitos como um bem comum antes de pensar no prazer imediato. Não há um botão que selecione apenas o que gostamos, precisamos enfrentar diversas desavenças que nos façam refletir. Zygmunt Bauman afirma que vivemos em uma modernidade líquida, nada é feito para durar. Através disso é possível pensar sobre a palavra resiliência e seu significado. É a capacidade de suportar o que não nos agrada, como dificuldades, tristezas e frustrações, entre outras coisas. A humildade e a paciência são sinônimas desse suporte. É o desenvolvimento do indivíduo. A psicologia de Freud descreve esse tipo de ação. Viver a realidade e não o prazer.

Transformação e paciência são virtudes que devem ser cultivadas. Muitas vezes é importante contar de 1 a 10, manter a calma e repetir coisas positivas: 1, 2, 3, 4, 5, 6, 7, 8, 9, 10.

— Eu posso.

— Eu consigo.

— Eu vou alcançar meus objetivos.

— Eu sou a base para minha transformação e um impulso para a transformação dos que me cercam.

Olhar para um amigo, aluno ou até mesmo chefe e falar coisas positivas, como "você é bom, continue melhorando", pode fazer com que essa pessoa ganhe o dia e tenha o impulso para mudar seus hábitos. Não

Você tem fome de quê?

subestime o poder que a palavra tem sobre o outro. É possível procurar novos resultados, mesmo com essas atitudes pequenas. Os modos só mudam quando você aceita a mudança. Seu comportamento só muda quando você dá abertura para isso, dentro de você. Você prefere, hoje, olhar novas paisagens? Ter novos recursos? Coisas abundantes? Tudo por resultados diferentes ou opta pelo mesmo e os resultados que já são diários? Quer estar parado na zona de morte? Lembre-se de que não falo em zona de conforto, é zona de morte. Aquela que atrofia, que deixa você estagnado e sem capacidade para buscar novos recursos. O sucesso é o que você mais sonha na vida, não importa seu esforço, ele vai precisar ser grande, não deixa o barco afundar.

Você não deve se sentir bem quando submerso na zona de conforto. Ela gera ações, pensamentos e sentimentos que são causados quando você não sente vontade de se arriscar. É um estado em que não há ameaças, assim, não há como tomar atitudes.

Certo dia, o *blog* A mente maravilhosa postou um conto sobre uma borboleta que me chamou atenção:

Há muito tempo, nasceu uma pequena lagarta que, com alguma dificuldade, rastejava no solo de um lugar para outro. Até que um dia, cansada de rastejar, ela decidiu subir numa árvore. Mas não em qualquer árvore. Ela escolheu subir numa árvore de tronco e folhas bem grandes, sob a qual ela havia brincado, crescido e vivido durante anos.

A lagarta subiu e subiu, mas às vezes escorregava, caía e não conseguia avançar. Apesar disso, ela não desistiu e, passo a passo, pouco a pouco, conseguiu finalmente subir. Ela chegou a um galho do qual conseguia ver todo o vale. A vista era maravilhosa. Lá de cima, ela conseguia ver outros animais, conseguia admirar o céu azul com nuvens brancas de algodão e, no horizonte, um extenso mar pintado de azul intenso. Naquele galho, a lagarta respirava paz.

Ela ficou imóvel, observando o mundo a sua volta e sentiu que a vida era muito bonita para não se transformar com ela. Ela estava cansada e, ao mesmo tempo, grata pela sua vida como lagarta. Mas sabia que havia chegado o momento de se transformar em outro ser.

A lagarta adormeceu, sentindo uma grande paz a sua volta e pensando que seu destino era ser mais do que uma simples lagarta. Ela dormiu e dormiu, fazendo crescer um casulo ao seu redor, um escudo que conservou a sensação de paz durante tempo suficiente para que ela se transformasse em outro ser.

Quando acordou, se sentiu presa em uma armadura na qual não conseguia se mexer. Ela sentiu que nas suas costas havia crescido algo estranho. Com muito esforço, movimentou o que pareciam ser enormes asas azuis e o casulo se quebrou. A lagarta já não era mais uma lagarta, era uma borboleta azul. No entanto, ela tinha sido uma lagarta por tanto tempo que não percebeu que já não era mais.

Borboleta azul em folha verde

A borboleta azul desceu da árvore usando suas pequenas patas, mesmo tendo asas agora. Ela carregava o peso daquelas grandes asas azuis, um peso que pouco a pouco consumia suas forças. A borboleta azul se movimentava usando suas patas, como sempre havia feito. Ela achava que continuava sendo uma lagarta e continuava vivendo como se fosse uma. Mas suas asas faziam

Você tem fome de quê?

com que fosse difícil se movimentar no chão com a mesma agilidade de antes.

A borboleta que acreditava continuar sendo uma lagarta não entendia por que sua vida tinha se complicado tanto. Cansada de carregar o peso das suas asas, ela decidiu voltar ao galho no qual tinha passado por sua transformação. Mas, dessa vez, ao tentar subir na árvore, achou que seria impossível.

Uma corrente de vento ou qualquer outro pequeno imprevisto a fazia retroceder. A borboleta ficou imóvel e olhou para cima, na direção daquele galho que parecia tão distante, ao mesmo tempo em que começou a chorar, desesperada. Ao ouvir seu choro, uma linda e sábia borboleta branca se aproximou, pousou em uma flor e durante um momento observou a borboleta azul sem dizer nada. Quando o choro diminuiu, a borboleta branca disse:

— O que você tem?

— Não consigo subir até aquele galho. Uma coisa que antes, mesmo com dificuldade, eu conseguia fazer.

— Mesmo que você não possa subir até o galho... talvez você consiga voar até ele.

— A borboleta azul que acreditava continuar sendo uma lagarta olhou de maneira estranha para a borboleta branca e, em seguida, olhou para si mesma e para suas grandes e pesadas asas. Como no dia em que saiu do seu casulo, movimentou com força as asas e as abriu. Elas eram tão grandes e tão bonitas, de um azul tão intenso, que a lagarta transformada se assustou e as guardou rapidamente.

— Você está desgastando suas patas por não usar suas asas – disse a borboleta branca, levantando voo, enquanto abria suas lindas asas e se afastava com elegância.

Fellipe Silvester

A borboleta azul observou impressionada cada movimento da borboleta branca e refletiu sobre as palavras que ouviu. Nesse momento, ela começou a entender que já não era mais uma lagarta, que talvez aquelas pesadas asas pudessem servir para alguma coisa. Ela as abriu de novo e dessa vez as manteve abertas. Fechou os olhos e sentiu como o vento as tocava. Ela sentiu que as asas agora faziam parte dela e aceitou que já não era mais uma lagarta, por isso não podia continuar vivendo como tal, rastejando no chão.

A borboleta azul abriu mais ainda suas asas e cada vez se sentia mais borboleta e menos lagarta. Ela observou o lindo tom azul, quase mágico, das suas asas. E, sem perceber, estava voando, estava subindo lentamente até aquele galho. Voar era muito mais simples do que rastejar, mesmo que ainda precisasse aprimorar seu voo. Ela descobriu que o medo de voar não havia permitido que ela aceitasse quem realmente era: uma lagarta transformada em borboleta azul.

Essa transformação vivida pela pequena borboleta ilustra o processo pessoal, que não é algo pronto, nem definido, mas algo escolhido e vivenciado por cada ser, de acordo com o que julga necessário para si. Cada um vive seu próprio momento, buscando os sentidos de seu âmbito social. Nós necessitamos compreender a importância das nossas escolhas, como elas nos afetam e o meio que nos cerca.

Devemos nos conhecer e nos reavaliar.

Conforme passamos por esses estágios, começamos a entender e agir de outra forma. Criamos outros hábitos para lidar com o que nos amedronta, percebemos como é bom colocar em pauta nossos planos e crenças. É o ponto em que os sentimentos e metas se tornam externos, essencial para a mudança.

Você tem fome de quê?

Muitas vezes nos moldamos de acordo com os julgamentos alheios, mas cabe apenas a cada pessoa repensar e filtrar se isso faz bem para si. É um caminho ao encontro da felicidade. Retirar coisas boas e transformar-se. Cada momento vivido pelo indivíduo aprofunda ainda mais quem ele é, ou quem deseja ser. É determinante buscar a intensidade, perseverança, firmeza e dedicação para alcançar a satisfação. Toda e qualquer forma de ser é permitida, cabe a cada um decidir, as escolhas são livres. Opte por transformar-se e melhore todo dia.

"Mude. Mas comece devagar, porque a direção é mais importante que a velocidade."

(Edson Marques)

CAPÍTULO 2

Atitude

Fellipe Silvester

"Pergunte a si mesmo: A minha atitude vale a pena ser imitada?"

(Zig Ziglar)

Você tem fome de quê?

Essa pergunta é recorrente de muitas conversas e debates. Será que alguém me vê como um exemplo? Qual atitude você decidiu ter hoje para alcançar resultados como esse? É perceptível que uma pergunta acaba desenvolvendo outra. Qual o primeiro passo que você vai dar e se comprometer com seus objetivos? Qual o passo que precisa ser feito para que a atitude seja alcançada? A resposta é simples e depende de uma única pessoa: você precisa ter fome de atitude e se desenvolver a todo o momento.

É preciso ousar, fazer o novo, testar suas aptidões e forças. É preciso se desafiar diariamente, lembrando que isso não inclui provar algo para as pessoas que o cercam. Quem quer mostrar algo a alguém deixa imergir apenas o que não é e o que não tem. Isso é necessário apenas para si mesmo. Prove a você seus valores, o que você acredita, o que quer buscar e é. Para exemplificar, posso contar a história de um aluno que me ligou uma noite. Ele queria uma opinião sobre determinado assunto. Começamos a conversar e cada um acrescentava algo ao outro. Quando desliguei o telefone, pensei no quanto a atitude é importante. Eu a desenvolvi quando o incentivei a fazer o que ele já planejava. Isso também tem ligação com o crescimento próprio. Ele me viu como alguém bom para pedir opinião e eu tive a atitude de ajudá-lo afirmando seu potencial.

Fellipe Silvester

A atitude é o que você acredita e busca para quem você é, mas não apenas seus atos. É o desencadear das sensações em outras pessoas que nos cercam e mostram que elas também são capazes de alcançar seus objetivos. É um processo que leva tempo, é um comportamento, é concretizar suas intenções. É o que faz uma pessoa que já está exausta não desistir, um pai que faz algo pelo seu filho e se torna seu exemplo, mudar o que encontra de errado em si e na sociedade. É um ato a ser refletido. Não é destino, nem sorte, é o livre-arbítrio. Pode ser o pequeno afazer de começar a estudar uma língua estrangeira e terminar o curso, sem desistir. É entender o poder do querer e não submeter ao controle da sociedade. É fugir da má-fé e da atribuição ao outro. Jean Paul Sartre afirma que não importa o que a vida fez de você. O que importa é o que você faz com aquilo que fizeram com você.

O autor que utiliza o termo má-fé explica que essa é a alternativa que encontramos para determinar um culpado e nos livrar da liberdade. Nós fingimos a todo tempo que somos incapazes, não queremos admitir nossas escolhas erradas. Há uma angústia quando nos conhecemos como seres livres e responsáveis pelas ações e falas que cometemos. É necessário perceber as possibilidades que isso traz, os resultados que podem ser alcançados e se há chances de voltar atrás ou não. Para algumas pessoas, liberdade e responsabilidade são sinônimos de angústia. Alguns sujeitos não enxergam o fato de poder tomar determinada atitude como algo de que possam se orgulhar futuramente. Encontram na má--fé o alívio de não admitir sua culpa frente a sua decisão.

Sartre julga que, tendo suprimido Deus Pai, é necessário enfrentar as coisas como elas são, e assumir as respectivas responsabilidades. Somos nós que damos sentido à nossa vida, que não têm nenhum, a priori, "pois a liberdade é existência, e a existência em si precede a essência". (*L'être et le Néant* apud CAUBET, p. 74).

Algumas atitudes são difíceis de ser tomadas. Mas essa é a forma de conhecer seu próprio potencial e escapar da comodidade. É preciso assumir riscos, responsabilidades e conviver com o que vem a seguir. É assim que percebemos como elas são

Você tem fome de quê?

capazes de transformar e desencadear sentimentos e ações nas pessoas. É a vontade de fazer e seguir exemplo, ser um exemplo. Muitas vezes, a gente não percebe, mas tem pessoas ao nosso redor que olham nossas ações e se espelham na gente. Elas se espelham no que fazemos e, na nossa determinação de todos os dias, acabam seguindo isso. Então, uma atitude é capaz e determinante para que outros tenham ações parecidas. Um exemplo é aquilo que você faz e a reação apresentada hoje.

Há um conto que pode ilustrar essa importância:
João era o tipo de sujeito que você gostaria de conhecer. Ele estava sempre de bom humor e sempre tinha algo de positivo para dizer. Quando alguém perguntava como ele estava, a resposta seria algo assim:

— Se melhorar, estraga.

Ele era um gerente especial, pois seus garçons o seguiam de restaurante em restaurante apenas pelas suas atitudes. Ele era um motivador nato. Se um funcionário estava tendo um dia ruim, João sempre dizia como ver o lado positivo da situação.

Fiquei tão curioso com seu estilo de vida que um dia lhe perguntei:

— Você não pode ser uma pessoa tão positiva o tempo todo. Como você faz isso?

Ele me respondeu:

— A cada manhã, ao acordar, digo para mim mesmo: "João, você tem duas escolhas hoje: pode ficar de bom humor ou de mau humor". E eu escolho ficar de bom humor. Cada vez que algo de ruim acontece, posso escolher bancar a vítima ou aprender alguma coisa com o ocorrido. Eu escolho aprender algo. Toda vez que alguém reclamar, posso escolher aceitar a reclamação ou mostrar o lado positivo da vida.

— Certo, mas não é fácil – argumentei.
— É fácil, disse-me João – A vida é feita de escolhas. Quando você examina a fundo, para toda situação sempre há uma escolha. Como diria Sócrates: "Três coisas devem ser feitas por um juiz: ouvir atentamente, considerar sobriamente e decidir imparcialmente". Você escolhe como reagir às situações. Você escolhe como as pessoas afetarão o seu humor. É sua a escolha de como viver a sua vida.

Eu pensei sobre o que João disse, e sempre lembrava dele quando fazia uma escolha. Anos mais tarde, soube que João cometeu um erro, deixando a porta de serviço aberta pela manhã, foi rendido por assaltantes. Dominado, enquanto tentava abrir o cofre, sua mão, tremendo pelo nervosismo, desfez a combinação do segredo. Os ladrões entraram em pânico e atiraram nele. Por sorte, ele foi encontrado a tempo de ser socorrido e levado para um hospital. Depois de 18 horas de cirurgia e semanas de tratamento intensivo, teve alta ainda com fragmentos de balas alojadas em seu corpo.

Encontrei João mais ou menos por acaso. Quando perguntei como estava, respondeu:

— Se melhorar, estraga.

Contou-me o que havia acontecido, perguntando:

— Quer ver minhas cicatrizes?

Recusei ver seus antigos ferimentos, mas perguntei-lhe o que havia passado em sua mente na ocasião do assalto.

— A primeira coisa que pensei foi que deveria ter trancado a porta de trás – respondeu.
— Então, deitado no chão, ensanguentado, lembrei que tinha duas escolhas: poderia viver ou morrer. Escolhi viver.

Você tem fome de quê?

— Você não estava com medo? – perguntei.
— Os paramédicos foram ótimos. Eles me diziam que tudo ia dar certo e que eu ia ficar bom. Mas quando entrei na sala de emergência e vi a expressão dos médicos e enfermeiras, fiquei apavorado. Em seus lábios eu lia: "Esse aí já era".
Decidi, então, que tinha que fazer algo.

— O que fez? – perguntei.
— Bem, havia uma enfermeira que fazia muitas perguntas.

Perguntou-me se eu era alérgico a alguma coisa.
Eu respondi: "Sim".

Todos pararam para ouvir a minha resposta: Tomei fôlego e gritei: "SOU ALÉRGICO A BALAS!". Entre as risadas, disse: "Eu estou escolhendo viver, operem-me como um ser vivo, não como um morto".

João sobreviveu graças à persistência dos médicos, mas também graças a sua atitude. O homem viu o lado positivo mesmo quando parecia não ter. Essa é a importância de buscar dentro de si a mudança, a vontade e a persistência. Não nos restam dúvidas da importância que tomar e demonstrar atitudes possui na vida em sociedade. É uma forma de se diferenciar em diversos aspectos, principalmente no profissional. Lembre-se, não basta ser diferente, mas, sim, ser a diferença.

A atitude é definida como a maneira que possuímos de viver a vida. É por isso que ela está interligada aos comportamentos. Ter pensamentos positivos nos incentiva a agir com eficácia, além de ajudar a analisar com mais cuidado nosso redor. Temos que refletir sobre o que pode atrapalhar ou beneficiar nossas capacidades e o que nos impede de ir para frente. É uma prestação de serviço para si mesmo, se conhecer e se trabalhar.

Aptidão e atitude andam juntas. Quando nos esforçamos por algo, mesmo que para nos levantarmos da cama, estamos andando rumo a algum lugar. Já estamos melhorando nosso físico, trabalhando nosso psicológico e indo em direção ao futuro. É preciso escolher os planos e implementarmos. É preciso parar de procrastinar e buscar o sucesso. Decidir e agir. Esse desempenho é gerado dentro de nós como uma percepção para cada um. É o abastecimento da nossa predisposição mental sobre o mundo. A partir disso é colocado para fora e observado pelos outros. Nesse momento, as pessoas passam a visualizar quem somos e como agimos em grupo. Vale ressaltar que o comportamento é a ação e sua repetição. Atitude é modificar a ação. Quando visualiza uma torneira pingando, em vez de reclamar, você concerta. É conduzir, estar à frente de ideias. É preciso assumir posições de responsabilidade, pensar no futuro e ir até lá. É torcer pelo bem e pelo sucesso. A vitória chega para quem terminar cada batalha diária.

José Roberto Marques apresenta três atitudes positivas que podem melhorar seu âmbito social e pessoal. São elas: proatividade, interesse em encontrar soluções e ter resiliência. Ser proativo significa estar atento e se antecipar em situações que possam exigir mais. Pessoas como essas são grandes contribuintes para seu grupo de amigos, assim como as que têm interesse em encontrar soluções. São informadas, gostam de novidades e trazem boas ideias. A resiliência é a capacidade de mudar conforme a demanda da situação, mesmo durante as maiores dificuldades, sempre extrair o melhor resultado e melhor ensinamento. Os indivíduos tendem a superar obstáculos e os transformar em coisas positivas, além de possuir grande equilíbrio emocional.

A vida se resume a enfrentar e superar os desafios e a nós mesmos. Só há plenitude e realização quando tomamos a frente e nos disponibilizamos a realizar nossos sonhos, enfrentar as dificuldades mundanas. Muitas vezes, vem um

Você tem fome de quê?

sentimento de vazio, solidão, mas a luta não pode parar. O ditado de mãe pode exemplificar: "Mar calmo nunca fez bom marinheiro". É a sobrevivência, descobrir as potencialidades e, ao final do caminho, o encontro com o esperado. Todas as pessoas possuem sede de mudança e mais força do que acreditam ter. É preciso coragem e persistência, qualquer um que as possua, consegue superar a si mesmo. Não há motivo para esperar sentado, nem se vitimizar, é preciso almejar por mudança. A responsabilidade de chegar ao topo é de cada um de nós. Dá trabalho? Sim, mas é necessário.

Faça o seu melhor para não "ser como os outros". Se você tentar ser como os outros e quiser o que eles têm, você nunca vai ser feliz e terá uma atitude ruim em relação à vida. Acredite no que você tem e dê o seu melhor, mantendo uma atitude positiva e lembrando que há sempre uma pessoa por aí que está em uma situação um pouco pior que a sua. Entenda que feito é melhor que perfeito. Na natureza humana, nós naturalmente nos comparamos com os outros na aparência, estilo de vida e atitude geral. O segredo é não comparar e aceitar quem você é, a sua personalidade e a sua aparência. Isso vai dar a você o poder de controlar seus próprios pensamentos e a sua própria vida. Busque a sua autenticidade e se lembre de que a inveja é a não aceitação do bem no próximo, e quando você aceita, ela passa a ser inspiração.

Lembre-se de momentos da sua vida em que você foi mais feliz com o que fazia você alegre, e tente relacionar isso com a sua situação atual e aproveitar ao máximo o aqui e agora. Olhar para o passado e lembrar que você já foi feliz significa que isso pode acontecer.

Concentre-se em uma coisa, em vez de muitas. Se tentar atingir dois objetivos, é mais provável que um deles nunca seja atingido e que ele vire uma tarefa em vez de um objetivo de vida. É mais provável que você atinja as suas metas se aceitar os seus limites e o quanto você consegue lidar de uma só vez, mas se mantendo animado enquanto faz isso. Aprenda a treinar sua mente nos momentos em

que você estiver se sentindo para baixo e negativo. Isso vai ajudar com a intensidade do sentimento, dizer a si mesmo que não é tão ruim quanto parece e vai aliviar o impacto no seu dia a dia. Valorize e recompense cada conquista sua, isso irá treinar sua mente a ter ACABATIVA.
Não seja tão duro consigo mesmo, você é apenas um ser humano! Lembre-se, a vida é para viver, não para se preocupar. Tenha uma mente positiva e siga sempre a verdade, é mais fácil de provar.
Seja sincero. Mentir pode ter um impacto muito negativo sobre a nossa vida. A mentira pode trazer um grande pesar e "autoaversão". Tente dizer a verdade e você vai sentir como se tivesse tirado um peso das costas. Pode ser preciso lidar com as consequências (o que não vai durar para sempre), então por que viver com um fardo? Apenas limpe sua mente e siga em frente para desfrutar o resto da sua vida. Viva intensamente com atitude! "Atitude é um exemplo que ARRASTA".

"Ter atitude não significa ser bom ou ruim. Ter atitude é ser autêntico, sincero, verdadeiro consigo mesmo e com o próximo. É usar a intuição no primeiro momento, é ter firmeza sobre o que diz e sobre o que vai fazer, é ser rápido no raciocínio e usar o coração nas decisões."

(Bernardino Nilton Nascimento)

Propósito

CAPÍTULO 3

Fellipe Silvester

"Se quiser ter uma vida plena, prenda-a a um objetivo, não às pessoas nem às coisas..."

(Albert Einstein)

Você tem fome de quê?

Eu falo muito sobre propósito e sobre proposição, que é para que entre em ação. E se eu perguntar isso? "E aí, por que vocês existem hoje? Qual o propósito? O que é um propósito?". Todos sabem que é algo muito maior que uma motivação. Motivar, e todas as conjunturas desse verbo, é coisa efêmera. Pode ser o salário no fim do mês, um tapinha nas costas, pode ser um reconhecimento breve, mas é algo que passa muito rápido.

Quando você tem um propósito, eu falo que ele é um intenso sentimento positivo de algo com extrema importância para você enquanto indivíduo, ou seja, quando faz seu coração bater mais forte. Muitos têm esse sentimento. Quem é de entidade do terceiro setor entende e pode servir de exemplo. Essas pessoas têm um propósito e algo que faça seus corações bater mais forte. Todos têm, ou a maioria das pessoas, mas para exemplificar melhor a gente vai usar esses locais. Eles atendem uma demanda, algo que muitas vezes não precisa ter aplausos, nem reconhecimento e nem dinheiro, mas o funcionário faz mesmo assim. Isso é um propósito.

É o que faz um bombeiro em horário de folga com a família. Ele vai e coloca a vida em risco para salvar a de outras pessoas, isso é um verdadeiro propósito. O que faz a sua vida ser melhor? Pergunte para você mesmo. O que faz o coração bater mais forte? Por que você faz? Para quem isso é importante? São perguntas necessárias para entender qual o seu propósito.

Quando você tem um, não precisa ter mais nada. Não que não seja bom ter dinheiro, ter reconhecimento, os aplausos e tudo mais, mas se isso não existir o trabalho acontece da mesma forma. Porque é algo que faz a vida valer a pena. Faz levantar todas as manhãs e seguir adiante. É algo necessário, estimulante e surpreendente. É a força de vontade e o sonho. Sempre que o final do mês chega, paramos para pensar na quantia de dinheiro que estamos gastando, e como esse gasto pode estar nos afastando ou aproximando das nossas verdadeiras vontades. Você trabalha com empreendimentos e passa a refletir sobre sua gestão de empresa. Percebe que as semanas passaram e não fez nada para crescer, tudo ocorreu insanamente, como sempre, sua vida é assim, um roteiro. Você participa de reuniões diariamente, são gráficos e relatórios incansáveis.

Seu *WhatsApp* começa a receber mensagens no grupo da empresa com milhares de problemas, e o que você decide?

— Responder?
— Apenas descansar um pouco?

Agora, utilize esse momento em que você deve decidir entre o descanso e mais trabalho. Qual seu propósito? É ser feliz? É ter sucesso? Coloque em primeiro lugar suas verdadeiras vontades, não deixe para depois o que realmente move seu coração. Quer tentar um novo meio de empreender? Tente, mas se não der certo, não desista. Quer descansar? Descanse, porém, na manhã seguinte, volte com tudo ao seu objetivo.

As novas gerações estão pautadas por isso, buscar suas próprias vontades sem medo de arriscar, fazem o que as move para o futuro, pensam no dinheiro como apenas uma consequência e não a conquista máxima. Não sabe se tem um propósito? Você tem, mas talvez o nomeie de outra forma, quem sabe como objetivo de vida ou outro termo que não muda sua importância. O que realmente precisamos definir: um propósito é a vontade de alcançar algo, saber aonde se quer chegar e entender que não será fácil.

Você tem fome de quê?

Se voltarmos à situação inicial do empresário, vamos entender que, apesar de ser uma suposição, ela nos faz refletir sobre qual a verdadeira vontade desse homem, o que faz seu coração bater mais forte. É provável que, independentemente da escolha, acarrete em resultados que podem mudar sua vida e sua percepção de trabalho. É normal querer jogar tudo às traças, mas lembre-se de que, depois dos furos, mesmo com conserto, ela não volta a ser o que era. Portanto, a batalha diária é essencial.

Não há receita ou fórmula para definir um propósito, a resposta está dentro de cada indivíduo, é muito íntima. A equipe do Endeavor Brasil, por exemplo, explica que não podemos identificar algo antes de fazer isso. Se o seu propósito é glamour, você precisa se perguntar por que quer isso. O que quer alcançar? De que forma? E quando chegar lá? Essas perguntas podem incomodar, mas são necessárias para pensar adiante.

O grupo *Storytelling* disponibiliza em seu *site* a importância de definir o propósito de cada marca:

"Vivemos na era das experiências do cliente, em que o enfoque é transferido dos aspectos funcionais do produto para o usuário da marca e sua vivência. As marcas mais fortes investem em ferramentas analíticas para entender o cliente e construir simbolismos e vínculos de identidade entre marca-cliente. Para isso, as marcas têm que explicar qual o seu propósito, a razão pela qual existem, e para isso fazem uso de narrativas, porta de entrada do coração e fonte de inspiração do cliente".

Portanto, em relação aos negócios, o propósito deve ser bem definido e apresentado ao público. Com isso, fica mais fácil fazer a empresa, marca, nome, se promover perante o meio social. É assim que surge o relacionamento de confiança entre consumidor e fornecedor. Então, comece a refletir, deixe a vida mais leve, busque diferentes maneiras de alcançar o mesmo objetivo e encontre sucesso e felicidade.

Fellipe Silvester

O grande lutador Muhammad Ali pode ser um exemplo do quão alto se pode voar com um sonho. Nascido em 1942, em Louisville, Kentucky, Estados Unidos, no dia 17 de janeiro, o jovem Cassius Marcellus Clay Jr. não imaginava o futuro que teria pela frente. Seu pai era pintor de faixas e cartazes e sua mãe empregada doméstica. Cassius, que mais tarde utilizou Muhammad como nome artístico, começou os treinos de boxe com 12 anos de idade. Em 1960, aos 18 anos, conquistou sua primeira medalha nos Jogos Olímpicos de Roma. Assim, 19 vitórias em 19 lutas com 15 nocautes foram alcançadas. Mais de 60 lutas profissionais, 56 vencidas e um nome que se tornará uma lenda.

Mas o propósito ia além. Muhammad realizou trabalhos de caridade por todo o mundo, foi nomeado Mensageiro da Paz pela ONU e recebeu a Medalha Presidencial da Liberdade. Em 1996, acendeu a pira dos Jogos Olímpicos e é o dono da frase que resume sua própria vida: "Aquele que não tem coragem de assumir riscos não alcançará nada na vida".

O atleta faleceu no dia 3 de junho de 2016, em Scottsdale. O objetivo de sua vida não era se tornar o maior lutador de boxe do mundo, esse era o início do plano para ser uma voz em defesa dos direitos dos negros. Foi o que o fez seguir firme em meio a obstáculos. Um exemplo mais recente desse mesmo propósito pode ser o grande artista americano Childish Gambino.

Ao lançar o clipe *This is America*, Gambino alcançou uma multidão de fãs e foi além disso. As pessoas passaram a pronunciar-se nas mídias indagando o que o cantor queria anunciar com aquele produto. Pois bem, especulações lançadas, diversas teorias vieram à tona. Entre elas, uma que levanta questionamentos sobre a violência racial representada, Childish Gambino acabava de tornar-se um ícone, com o propósito de lutar contra o preconceito nos Estados Unidos. Esse é seu objetivo, mais que lançar um sucesso mundial ou uma megaprodução, o artista quer atingir o público com um discurso pesado, fazendo-o repensar suas atitudes perante os negros. Assim como Muhammad Ali, parte de uma luta pessoal para um propósito em conjunto.

> **"Se um homem não sabe a que porto se dirige, nenhum vento lhe será favorável."**
>
> **(Sêneca)**

Busque, pergunte, descubra:

– Qual o sentido da minha vida? – O que quero com ela?

Com isso, você encontrará benefícios para sua vida, e vai além, experimentará novas alternativas cotidianamente. A ciência, por meio de pesquisas de mestres e doutores, já provou que as pessoas com intuitos, objetivos e propósitos vivem mais felizes nos âmbitos pessoal e profissional. Encontram motivos para desempenhar seu papel da melhor forma, são mais motivadas para que isso venha a acontecer. Possuem mais foco e fazem escolhas pensando no futuro. Esses indivíduos têm maior percepção de quem são e do que querem. Portanto, são experiências diárias de experimentações que resultam, ao longo da vida, em diferentes ciclos de felicidade e sucesso. Aristóteles dizia que "toda pessoa deve ter algum objetivo para o qual dirigir a sua boa vida e todos os seus atos serão conduzidos a ele, uma vez que não ter uma vida organizada em função de um determinado fim é um sinal de grande tolice".

Como definir o propósito?

- O primeiro passo é criar, não existe algo universal que defina qual é o seu. É preciso trabalhar e refletir sobre o seu próprio sentido de vida.
- Observar ao seu redor. Muitas vezes você descobre seu propósito partindo da convivência em sociedade. Ele pode não ser pessoal, mas conjunto.
- Está em suas mãos, é uma decisão só sua.
- Todo e qualquer caminho levará você a algum lugar.
- Viva melhor, tenha mais prazer, realize-se.

Lembre-se de que seu propósito trará apenas resultados positivos, é uma batalha diária e incansável.

- É a motivação, mesmo quando as coisas dão errado.
- É a confiança em cada afazer.
- É a esperança de algo melhor.
- É a conquista em meio ao sentimento de perda.

Descubra quem você é, aonde quer chegar, o que quer alcançar, o bem que quer fazer, lute por isso e se transforme em quem sempre sonhou.

CAPÍTULO 4

Sonhos

Fellipe Silvester

"O primeiro passo para a realização é sonhar."

(**Autor desconhecido**)

Você tem fome de quê?

Tudo que você vê ao seu redor foi, um dia, parte dos sonhos de alguém. Um dia alguém sonhou que poderíamos nos comunicar instantaneamente a distância, e hoje temos os celulares e seus aplicativos. Um dia alguém sonhou que poderia voar, hoje temos aviões e jatos ultrarrápidos. Um dia alguém sonhou que poderia ser o melhor piloto de Fórmula 1 do mundo e assim o fez.

Um dia alguém sonhou em chegar à lua, e lá estamos – agora, avançando para outros planetas. Sabe qual a diferença entre esses sonhos e os seus sonhos? As pessoas que tiveram esses sonhos, no minuto seguinte, começaram a fazê-los acontecer. Entenda verdadeiramente que a realização dos seus sonhos começa no exato momento em que você consegue imaginar aonde vai chegar.

Por que sonhar é tão SENSACIONAL?

Sonho é algo bom. Sonho no sentido de desejo, aquilo que almejamos, a forma como nos vemos no futuro ou em outra situação. O sonho nasce dos nossos desejos reprimidos. Carl Jung afirma que o sonho nasce daquilo que deixamos no inconsciente, que vem à tona no nosso período de sono. Mas sonhamos acordados, sempre que vislumbramos uma realidade que ainda não vivemos.

Os sonhos são importantíssimos na nossa vida. Os sonhos nos fazem experimentar, ao menos que no campo do desejo e da imaginação, outra realidade, outra experiência. No exato momento em que você é capaz de imaginar todos os seus mais profundos sonhos e desejos, não vou afirmar que você começa a experimentar todas as boas vibrações e sensações que a realização é capaz de proporcionar. Nossos sonhos são, em geral, alimentados pelos nossos olhos – o desejo vem, sobretudo, do ver.

Mas nossos sonhos podem ser realizados? Sim. Só consigo pensar naquela célebre frase de Walt Disney que diz: "Se você pode sonhar, você pode realizar". E veja o mundo incrível que esse visionário realizou. Posso garantir que ele, como todo grande realizador, foi chamado de louco, ouviu que era impossível, ouviu pedidos para "deixar isso de lado". Existe um fato incrível sobre meu amigo Walt Disney, quando ele e seu irmão foram até onde hoje é o parque da Disney de Orlando. Ao chegarem até aquele local, seu irmão não era capaz de enxergar além de onde seus olhos eram capazes e, em meio a um terreno de banhado, ele disse: "Walt, esse lugar não serve para nossos sonhos". Walt respondeu de olhos fechados dizendo e apontando à frente: "Calma, pois aqui irá ficar o Castelo da Cinderela e, depois disso, não preciso dizer mais nada".

O nosso cérebro não consegue distinguir o real do imaginário, ainda duvida do que eu falo? Então me responda, por que a maioria das pessoas se emociona ao ver um filme de drama ou romance? Por que alguns ficam com medo ao assistir um filme de terror? Você e eu sabemos que a maioria das produções não é verdadeira, mas sim ficção. Isso justamente acontece porque seu cérebro não é capaz de distinguir esses fatos, e naquele momento em que você assiste ao filme, ele é apenas direcionado pela emoção causada. Uau, se já é foda demais para isso, imagine como seria utilizar para conquistar aqueles seus mais profundos sonhos e desejos?

Alcançar os seus objetivos é o máximo da realização. É lá que queremos chegar, e para isso quero presentear você com uma maior habilidade, que é a de sermos verdadeiros realizadores dos

Você tem fome de quê?

nossos sonhos, projetos, metas e objetivos pessoais e profissionais. Tenho certeza de que, assim como eu, você também tem seus desejos ainda não realizados. Para guiar suas ações na direção dessas realizações, preparei este diário de bordo, e nele você será capaz de ser um FAMINTO POR SONHOS. Para isso, mantenha-se focado, firme e forte, buscando realizar-se por inteiro, e construa a vida SENSACIONAL que você sonha ter. Acredite: você pode mais!

CAPÍTULO 5

Sucesso

Fellipe Silvester

"Eu não sei qual o segredo do sucesso, mas o segredo do fracasso é tentar agradar a toda a gente."

(Bill Cosby)

Você tem fome de quê?

O que é o sucesso? Ele não é um lugar ou um destino. Não é algo que você diz para descer até o próximo salão pelo corredor e na hora que abrir o trinco vai estar lá. Sucesso é um verbo de ação, você precisa ter consistência. É aquela sensação de querer algo e saber que não é fácil. Tem vezes que queremos coisas rápidas, ganhar na loteria é um exemplo. É algo que consegue diariamente? Não, assim como o sucesso. Você precisa tentar diariamente, incansavelmente, sem desistir.

O sucesso não tem brinde, não tem coisas fáceis, é um negócio para pouquíssimos. São ações tomadas todos os dias que fazem com que cada um alcance seu grande sonho ou, como citado no capítulo anterior, seu propósito de vida. Não tem fórmula milagrosa, não tem como eu chegar aqui e falar "olhe, eu tenho a receita, você vai seguir os meus passos e vai acontecer". Eu posso dar algumas dicas que vão ser importantes e determinantes para que você alcance tudo isso. Eu não vou falar que tudo que eu estou colocando aqui vai ser determinante, mas você sabe como é bom aprender coisas novas e compartilhar conhecimento para que os eleve ao próximo nível.

O sucesso é ato que está sempre em consistência, ou você é aquilo que você quer conquistar ou você não faz nada. Não tem como ser meio-termo, a mesma coisa com a confiabilidade.

Fellipe Silvester

Quem é casado pode entender. Experimenta chegar hoje em casa para a esposa ou o marido e falar: "Eu sou 99% fiel a você". Faz um teste, não vai dar certo, ou é 100% fiel ou não é. A pessoa vai falar: "E esse 1%, o que é? É vagabundo?". Não vai dar certo. Com o sucesso é a mesma coisa, você precisa ser 100% dedicado ou você não vai alcançar o que você quer.

É preciso lembrar-se durante 24 horas que não tem brinde, não adianta abrir a caixa do correio esperando presentes. Ele necessita das ações que você faz todos os dias, é essencial lembrar que é um verbo em ação e precisa ser diário.

Tudo isso é dividido em etapas: com o fácil, o médio e o sucesso. Para chegar lá, é algo árduo, difícil e muitas vezes essa batalha é solitária, você está sozinho. Inclusive, somos reconhecidos em público por aquilo que fazemos sozinhos. Muitas vezes, precisamos abdicar de situações em que gostaríamos de estar.

Uma vez um rapaz chegou para mim e perguntou: "Puxa, como você tem resultados tão bons e eu não tenho?". Ele nem trabalha na mesma área que eu. Mas eu lembro que aquela noite eu estava escrevendo um artigo para o meu *blog* e entrei nas redes sociais. Quando eu fui ao meu *Story* (aba do *Instagram* que permite postar fotos que ficam disponíveis por 24 horas para que seus seguidores possam acompanhar o que está fazendo), esse sujeito apareceu primeiro. Eu não uso muitas tecnologias, mas essa sei usar e lá encontrei a resposta. Enquanto eu estava escrevendo meus artigos, ele estava bebendo cerveja com os amigos. Tinha vários *stories*, todos em lugares diferentes. Eu entendi a dúvida dele e minha resposta é a seguinte: o sucesso é assim, me diga onde gasta seu tempo, que digo quais são suas prioridades.

Você precisa fazer coisas novas todos os dias. Não é fácil, ninguém disse que seria. Alguém já disse isso para você? Não, é algo difícil. Quando a gente está do lado de fora de determinada situação e vê alguém em um grau alto de sucesso, julga como é fácil a caminhada dele, mas nem sempre é, na verdade nunca é.

Você tem fome de quê?

Uma vez eu fui a uma Expogua (Exposição de Agropecuária de Guarapava), que é uma feira local com *show*, brinquedos, praça de alimentação e o comércio em geral. Quem já foi nesse evento ou em qualquer outro desse gênero pode entender. Você já foi ao *kamikaze*? É um modelo de brinquedo fechado que, geralmente, está disponível nos parques de diversão. Funciona como um pêndulo que ao girar ganha velocidade. O sucesso é como esse meio de diversão, ora você pega embalo e está alto, ora desmorona. Nesses momentos é preciso ter força e lutar para subir de novo. Tem que ousar, tem que ir.

Lá na Expogua, eu encontrei aquelas bolas coloridas, sabe? Quem tem filho pequeno vai entender. Eu fui lá e encontrei esses objetos. O rapaz que as vendia também fornecia balões de gás hélio. Quando as crianças se aglomeravam, ele soltava os balões. A criança vê o balão subindo, puxa a mãe e fala que quer um daquele. O pai tem que comprar e pagar 50 reais ou o filho fica doente. Aí, precisa passar mel nas pernas, coisas de antigamente. Eu prometi a mim mesmo que nunca iria fazer isso com filho, porque lembro o quanto sofria, mas se não comprar a bola é isso que tem que fazer. Enfim, o rapaz soltava os balões de todas as cores, menos o preto. Um menino chegou para ele e perguntou o porquê daquilo, ele respondeu que não era a cor que fazia ele subir, mas sim o que tem dentro do balão.

Partindo disso, é perceptível a importância de buscar dentro de si a vontade, a força e a paciência para saber esperar a hora certa de tudo acontecer. No dicionário, por exemplo, a palavra sucesso é definida como "resultado positivo nos diversos âmbitos da vida". Mas vai além, é uma definição pessoal, depende, exatamente, do que cada ser quer alcançar ao longo da vida.

Há alguém que não queira obter esse bem? Alguns podem, ainda, não ter descoberto, mas todos esperam por algo. É necessário direcionar o foco e trabalhar, duramente, nele. Isso porque é preciso compreender o que se quer na vida. Pode ser com trabalho, família ou o meio social, mas sempre há um objetivo, basta procurar.

Leva tempo, esforço e motivação, mas ao fim vale a pena. Há quem diga que sucesso é viver prazerosamente junto à família e aos amigos, todos compartilhando o mesmo sentimento. As pessoas devem partir dessa ideia e saber conciliar coisas positivas e negativas que determinam o controle de aonde se quer chegar. É bom descrer daquela história conformista de que um salário razoável é suficiente. Você quer mais? Não é apenas do dinheiro que precisamos na vida. Encontre satisfação e felicidade plena e saberá o que é o verdadeiro sucesso.

Deepak Chopra (2005) aponta algumas leis interessantes para se chegar à plenitude. Entre elas está o crescimento contínuo do ser feliz, com realização de metas dignas. Ele aponta que o importante é a capacidade de transformar desejos em realidade.

O autor explica, ainda, sobre algumas leis:

1ª - A lei da potencialidade pura;
2ª - A lei da doação;
3ª - A lei do carma, ou de causa e efeito;
4ª - A lei do mínimo esforço;
5ª - A lei da intenção e do desejo;
6ª - A lei do distanciamento;
7ª - A lei do darma ou do propósito de vida.

Deepak Chopra afirma que precisamos compreender nossa natureza, partindo disso, se soubermos viver em harmonia, estaremos sempre bem e entusiasmados com a vida, assim, obter sucesso se torna mais fácil. Chopra parte da sabedoria indiana que rege as relações entre o homem e a natureza a sua volta. Utiliza os conceitos de necessidades da alma e da capacidade de realização. Em sua tradução, serenidade, paz e bem-estar.

A lei da potencialidade pura apoia-se no fator do ser como consciência pura. Ele determina as maiores contribuições e possibilidades da criatividade infinita. Esse seria o ponto de equilíbrio do indivíduo, sua invencibilidade. É descobrir

Você tem fome de quê?

quem realmente é, qual sua capacidade de realização, e o Eu com a busca do sucesso potencial.

A lei da doação, ou lei do dar e receber, a ideia de que tudo que doamos ao mundo alcançamos e obtemos respostas. Sem chances de ser estático. É encontrar um meio de afetar, positivamente, a vida do outro. Seja com um conselho, uma ideia ou ação. Tudo que você faz para alguém tem um retorno.

A lei do carma, ou de causa e efeito, é semelhante à anterior. É a ideia da frase clichê de que "cada um colhe exatamente o que planta no mundo". Assim, se emano felicidade, recebo de volta. É o resultado diário de cada escolha feita em sua vida. O passado afeta o presente e o futuro, mas sempre há chances de mudar, melhorar e repensar suas atitudes. A lei do mínimo esforço revela que a inteligência humana funciona normalmente, sem necessidade de "meter os pés pelas mãos". É a aceitação e a paciência de que tudo depende de um esforço X e um tempo Y para acontecer. É a consciência de saber enxergar as pequenas oportunidades e como afetam na vida.

A lei da intenção e do desejo representa a energia e a informação da natureza. Parte do princípio de atenção e intenção como energizadoras e transformadoras. É relembrar diariamente cada desejo, criar, confiar e não permitir que os obstáculos derrubem seus planos para o futuro, mas aceitar as condições naturais de cada situação.

A lei do distanciamento significa abandonar apegos, se baseia no Eu como única necessidade para alcançar objetivos. É libertar-se e ser quem realmente é, transformar incertezas em oportunidades e se abrir a novas escolhas e possibilidades.

A sétima e última lei é a do darma e do propósito de vida. Nesse ponto, o autor aponta que é imprescindível descobrir sua missão, seu Eu, seus talentos e compromissos. Com isso, algumas perguntas são necessárias: como posso ser útil? Como posso ajudar? Como posso ser plenamente feliz?

Portanto, o sucesso chega por meio do autoconhecimento, desenvolvimento contínuo, comprometimento, confiança, persistência e perseverança. É um sentimento relativo, diferente para cada sujeito. Pode ser comprar um carro, entrar na faculdade, ver a família bem, entre outras coisas. O essencial é saber aonde quer chegar e quais pontos são necessários para isso. Precisa ter consistência, diariamente, focar no seu trajeto, cada passo que deve ser dado pelo bem maior. É preciso validar isso, saber que a cada superação se chega mais perto e se alcança um pedaço do grande sucesso. A sensação de realização é diferente para cada um, digo que é um *mix* de realizações e alegria. É uma precisão do ser humano. A satisfação de vontades diferentes que chegam ao longo da vida.

O poder do pensamento positivo

CAPÍTULO 6

Fellipe Silvester

"É tudo uma questão de pensar positivo, você é do tamanho do seu sonho, amigo."

(Rapper Dexter)

Você tem fome de quê?

Há quem diga que pode ser trivial, clichê ou qualquer coisa parecida. Já até escutei: "Você só pensa em coisas boas, só pensa no positivo. Você não raciocina que as coisas podem dar errado?". Podem dar errado? Sim, mas não precisamos ficar presos a esse padrão de coisas ruins. É normal passar por isso, mas é necessário pensar em soluções para que as coisas se desenvolvam de forma positiva. Buscar diferentes ideias.

O pensar positivo é muito importante, é praticamente uma tendência do ser humano se afastar do que lhe faz mal em vez de atrair o que faz bem. As pessoas falam o que não querem, mas precisam comunicar quem querem ser para atrair coisas boas. Um exemplo é repetir "quero ser um líder positivo" em vez de dizer "não quero ser um procrastinador", que é um exemplo ruim. O que se conquista é aquilo bom, não apaga o que vem antes, só o que vem depois. Isso vira afirmação. Quer um exemplo? Pense na imagem de uma casa. Tem uma imagem mental para casa? Tem. Agora pensa na imagem mental para a palavra não. Tem imagem? Não existe. É uma palavra que apaga o que vem antes. Quando eu nego algo, acabo excluindo a parte boa e lembrando do que não quero.

Se eu falar:

"Não pense na sua respiração", provavelmente você começa a pensar, porque o não se apaga. Significa que cada vez que dá um comando utilizando essa palavra, instantaneamente as pessoas fazem o contrário. É o poder da palavra na mente. Fica apenas o que vem depois. A lei da atração é outro clichê que funciona: você atrai o que emite.

O pensamento positivo é o poder de enxergar o lado bom das coisas, olhar para o passado, presente e futuro com otimismo e perseverança. Um exemplo é a procura por um estágio. O indivíduo está na faculdade e quer formar um currículo bom. São vários candidatos à vaga e muitos pensam que não vão conseguir, não têm capacidade nem habilidade para o trabalho. Outros devem se sair melhor. Essas pessoas são tomadas pela insegurança e pelo medo, não demonstram que sabem do que estão falando. Mas dentre eles tem um sujeito que se preparou, conversou, ensaiou e imaginou como seria. Ele pensa que vai conseguir e que é o candidato perfeito. Ele se apresenta de forma positiva e impressiona. Para quem vai esse estágio? É nesses momentos que se mostra a força do pensamento positivo.

Focar a mente em coisas boas contribui para uma vida melhor. É importante colocar na mente que tudo vai dar certo, que vai conseguir, que vai ser muito feliz. É colocar-se em estado de vitória. Há uma fábula oriental que ilustra o que quero dizer.

Conta uma popular lenda do Oriente Próximo que um jovem chegou à beira de um oásis junto a um povoado e se aproximando de um velho, perguntou-lhe:

— Que tipo de pessoa vive neste lugar?
— Que tipo de pessoa vivia no lugar de onde você vem? - perguntou, por sua vez, o ancião.
— Oh, um grupo de egoístas e malvados – replicou o rapaz.

Você tem fome de quê?

— Estou satisfeito de ter saído de lá.

A isso, o velho replicou:

— A mesma coisa você haverá de encontrar por aqui.

No mesmo dia, um outro jovem se acercou do oásis para beber água e, vendo o ancião, perguntou-lhe:

— Que tipo de pessoa vive por aqui?

O velho respondeu com a mesma pergunta:

— Que tipo de pessoa vive no lugar de onde você vem?

O rapaz respondeu:

— Um magnífico grupo de pessoas, amigas, honestas, hospitaleiras. Fiquei muito triste por ter de deixá-las.

— O mesmo encontrará por aqui – respondeu o ancião.

Um homem que havia escutado as duas conversas perguntou ao velho:

— Como é possível dar respostas tão diferentes à mesma pergunta?

Ao que o velho respondeu:

— Cada um carrega no seu coração o meio ambiente em que vive.

Aquele que nada encontrou de bom nos lugares por onde passou não poderá encontrar outra coisa por aqui.

Fellipe Silvester

Aquele que encontrou amigos ali, também os encontrará aqui porque, na verdade, a nossa atitude mental é a única coisa na nossa vida sobre a qual podemos manter controle absoluto. Infunda em si mesmo a ideia do sucesso. O primeiro requisito essencial a todo homem, para encontrar uma vida digna de ser vivida, é ter uma atitude mental positiva.

Quando colocamos um alarme no carro, queremos que isso nos avise quando precisamos cuidar do nosso bem material. É a ideia feliz do cuidado, amor, carinho pelo que adquiri. Outro exemplo pode ser o medo de falar em público. No caso de um professor, ele prepara o conteúdo para ir pronto para a aula. É o pensamento bom de que ele vai estar pronto para o momento. São as opções boas para que isso seja alcançado. É a proteção no bom sentido, você estar preparado.

Quando falo que não quero algo é isso que atraio. Eu acabo pedindo mesmo quando digo "não quero, não posso, não devo". Assim surge a necessidade de pedir o que realmente quero. É muito mais fácil atrair o que estou mandando e contando aos outros. Um exemplo, não pense na sua respiração e você acaba pensando na hora. Outro exemplo: incêndios. Quem mora em prédio sabe que há uma placa que diz "em caso de incêndio, não use o elevador", se pegar fogo no local, todas essas pessoas que moram no lugar vão correr para o elevador.

Na fábula contada, o homem tenta entender o sentido de duas respostas diferentes sobre o mesmo local, mas não entende que as pessoas apenas estão afirmando, ou seja, se estava ruim lá, aqui também será. Se for bom, aqui será melhor. Outra ideia interessante é a do mas. Quando digo "olhe, esse trabalho não está bom, mas podemos utilizar a introdução e a conclusão para melhorá-lo", estou apontando que há coisas boas e que, além disso, há uma chance de melhora, uma solução para o problema.

Em momentos de crise, pessoal, profissional, entre outras, o interessante é a recordação. Quando alguém está estressado,

Você tem fome de quê?

triste ou desanimado, é bom trazer à tona lembranças de momentos felizes em que as coisas estavam diferentes. É você olhar para o outro e dizer "olhe, entendo sua dor, mas lembra...". A importância do mas é de apagar as coisas ruins. As pessoas prestam mais atenção na continuidade da frase e acabam sentindo-se mais calmas. Acredite, é essencial utilizar esses conceitos em qualquer etapa da vida.

A autora Rhonda Byrne diz que quando pedimos algo ao universo ele se move para que isso aconteça. No seu livro, *O segredo*, é possível encontrar relatos sobre amor, dinheiro e trabalho, entre outras grandes surpresas da vida. O segredo ensinado por Byrne é observar o universo como uma lâmpada mágica – e se comportar como o Aladim. Ao esfregar a lâmpada – ou seja, ao pensar positivamente – seus desejos se materializariam. Sendo assim, o que emitimos poderia influenciar tudo que está próximo de nós, seja individualmente ou nos ambientes social e de trabalho. Essa ideia funcionaria com o positivo e o negativo, da mesma forma.

É mais ou menos aquela frase que diz: "Uma borboleta que bate asas no Japão pode causar um tornado no Brasil". Alguns autores dizem que a nossa mente atuaria como a borboleta. E você, leitor, adestraria esse inseto como bem entendesse. Dessa forma, seria capaz de causar benefícios em série. Por exemplo: se você quiser muito uma resposta positiva de um emprego, vai conseguir não somente o trabalho como uma excelente colocação, um aumento de salário, viagens pelo mundo inteiro e logo um grande amor, com quem terá três filhos lindos. É um efeito dominó.

O poder do pensamento positivo ultrapassa as linhas da mente. Vários estudos comprovam que o corpo também é beneficiado com níveis mais saudáveis de açúcar e o controle da pressão sanguínea. Portanto, o importante é reconhecer, diariamente, as coisas boas que nos cercam, agradecer a cada novo dia, definir objetivos alcançáveis e que nos façam celebrar, anotar o progresso cotidiano, praticar boas ações e gentilezas e concentrar-se no presente. Lembre-se de pensar positivo e você perceberá a mudança.

Aos meus pés, o chão não havia. Incrivelmente me vi numa repleta escuridão, trancafiado em quatro paredes, sem ar, sem soluções. Minhas ações, que há muito havia feito, traziam consigo suas consequências, pesadas, indescritíveis. Ao meu pensar, aquele seria verdadeiramente meu último suspiro, ofegante e libertador. Contudo, recebi a confirmação de algo que há muito havia ouvido. A esperança brota dos lugares mais inóspitos. Meus pensamentos, naquele momento, exalavam todo o ambiente. Transformadores. Libertadores. Meus olhos, estagnados, que vidram, desacreditados do que estavam vendo; havia eu transformado o mundo ao meu redor por meio de um simples pensamento positivo?

CAPÍTULO 7

Pose de poder

Fellipe Silvester

"Mudando sua postura, você prepara seus sistemas mentais e psicológicos para enfrentar desafios e situações estressantes e pode aumentar sua confiança e melhorar seu desempenho."

(Amy Cuddy)

Você tem fome de quê?

Pare o que está fazendo e se levante, só um pouquinho. Pense agora em um desafio que você precisa enfrentar entre hoje, a próxima semana ou daqui a 30 dias. Um desafio que você tenha dentro de você ou algo que precise falar para alguém de que goste muito. Pense em um assunto muito delicado de ser dito.

Agora, com esse mesmo pensamento, vou pedir para que você solte os braços, afaste as pernas, olhe bem alto e sorria. Sorria igual bobo, olhando para cima. Nessa posição, pense naquele mesmo problema. Sorria enquanto pensa no problema. Um ato tão simples, mas que faz você mudar a forma de ver o problema, sabe por quê? Porque não tem como estar no padrão do desafio, nessa posição. Essa é a posição de conquista. Você já viu alguém com depressão andando assim? Ou melhor, você já viu alguém cabisbaixo e triste dizendo "estou muito feliz de estar aqui, é uma satisfação total"? Certamente, não.

A posição corporal que é adotada em certas situações diz muito sobre você para com os outros. É preciso mudar, para uma postura de sucesso e de determinação, caso esse seja o seu objetivo. A postura nada mais é do que uma linguagem corporal, uma comunicação não verbal. Por exemplo, morder as unhas ou os lábios em uma reunião passa a sensação de nervosismo e insegurança. Ou, então, ficar em pé com os ombros caídos, que faz você parecer insignificante, fraco, triste e inseguro. Já colocar a mão no pescoço é uma das posições de baixo poder, indica que você está se protegendo. É aí que eu pergunto: neste momento, o que a sua posição diz sobre você? Você passa atitude? Confiança? Você tem uma pose de poder? De determinação? Ou sua postura é tão morta que as pessoas passam por você e nem percebem?

A psicóloga Amy Cuddy, professora da Universidade de Havard Business School (EUA), confirmou por meio de pesquisas que nossa postura influencia em nosso comportamento. A relação é bem simples: estudos anteriores já mostravam que quando, por exemplo, uma pessoa assume a liderança de um grupo, seu corpo produz mais testosterona, que é o hormônio da dominância, e menos cortisol. Já quando você fica presa em um engarrafamento, seu cortisol, o hormônio do estresse, sobe. Amy apenas fez o caminho inverso. Colocou as pessoas em diversas situações e mediu se as poses influenciavam nas reações fisiológicas e comportamentais. A sua pergunta era: "Sabemos que nossa mente muda nosso corpo, mas também é verdade que o nosso corpo muda nossa mente?". E a resposta foi positiva. Ou seja, se você "fingir" uma posição corporal de dominação e poder, mesmo que por apenas dois minutos, começará a pensar conforme suas atitudes.

Eu sempre digo que corpo e mente afetam um ao outro. A forma como eu penso, meu corpo entende. Assim como a forma que meu corpo está afeta minha mente também. A pose de poder nada mais é do que uma quebra no padrão. Se eu estou "pensando com os meus botões", como diria aquela velha expressão, é óbvio que vou me retrair, essa postura exige isso. Quando você muda sua postura, dá um *up*, você ressurge.

No reino animal, por exemplo, a pose de poder está ligada à expansão. Um animal que está prestes a atacar se expande, se "faz grande". Ele demonstra poder e provoca medo a suas presas apenas pela posição corporal que adota. E com os seres humanos também é assim. Quem nunca viu um jogador, após fazer um gol, ou um competidor em um momento de triunfo abrir os braços e olhar sorrindo para o céu? Ganhando o seu espaço?

Você tem fome de quê?

Essa postura de poder deve ser usada sempre que você precisar de um "a mais" para enfrentar algo. Quando você precisar de sensações e sentimentos bons que já teve na sua vida um dia. Deve ser usada quando você precisar de confiança. Isso não se trata de perder a humildade, mas sim de acreditar em si mesmo. A postura de poder não precisa estar ligada diretamente e somente a negócios. Eu a uso sempre. Um outro exemplo é quando estou na academia, às vezes já estou destruído e derrotado, e aí ouço:

— Vamos lá, Fellipe. Faltam mais três minutos.

Eu penso: e agora? Nesse momento, eu mudo minha postura e tenho um gás a mais. Até meu treinador vem me elogiar.

Para qualquer obstáculo que você queira superar, qualquer desafio, ou para algo que seja delicado tratar, use a pose de poder. Às vezes, na segunda-feira de manhã, você vai entrar naquela reunião, já andando curvado, olhando para o chão, xingando o chefe porque ele é chato, reclamando do café frio etc. Mas antes de pegar no trinco da porta, lembre-se do que você já está comunicando às pessoas e mude a sua postura. Você vai ver que é muito mais fácil alcançar o seu objetivo, pensando de uma forma positiva.

Um exercício interessante de ser feito para melhorar essa pose de poder é o ensaio mental, ou seja, fazer uma projeção de tudo que vai acontecer, se imaginar dentro da situação. Por exemplo, digamos que eu tenha uma reunião onde apresentarei um projeto a minha diretoria no mês que vem. Eu irei me imaginar lá. Eu sempre faço isso na frente do espelho. Fico me imaginando em todos os cenários, como vou me comportar, o que eu quero falar, como eu quero falar, onde eu vou me sentar, eu até imagino como serão as reações das outras pessoas. Quanto maior o número de detalhes que você conseguir adicionar no seu filme, mais intenso e eficiente será o exercício. Faço ao menos três vezes ao dia esse exercício quando tenho algo importante para realizar.

Todas as vezes que eu fiz esse exercício, toda aquela imaginação acabou se tornando "o destino". E isso não é porque aquilo estava predestinado a mim, mas sim porque eu direcionei minha atenção a fazer aquilo acontecer. Você pode criar isso. Pode ser que não seja totalmente igual a sua imaginação, mas dá muitas condições de você lembrar do que precisava falar ou fazer naquele momento.

No Brasil, um grande utilizador dessa técnica foi Ayrton Senna. Ele se preparava mentalmente tanto para as corridas quanto para as tomadas de tempo nos treinos. Quando se sentava em seu carro, Ayrton imaginava fazendo todas as curvas, como iria fazer o movimento com o corpo e com os pés. Ele fazia um ensaio mental daquilo com frequência, e obteve sucesso. Um exemplo mais atual é o de Michael Phelps, que foi o primeiro a conquistar 28 medalhas nas Olimpíadas. No livro *O poder do hábito*, Charles Duhigg comenta sobre a rotina de Michael e do seu treinador Bowman. O treinador sabia que o atleta tinha uma musculatura perfeita, mas que isso não seria suficiente para vencer os outros competidores que também tinham. Por isso, ele adaptou a rotina de Phelps, induzindo o atleta a criar o ensaio mental, nadando impecavelmente. Toda noite antes de dormir, o competidor imaginava em câmera lenta suas braçadas, as paredes da piscina, suas viradas e o momento da chegada. Além disso, imaginava também coisas ruins, como se a touca caísse ou os óculos quebrassem, e o que iria fazer. Ele estava preparado e qualquer coisa que não estava prevista para acontecer poderia ser reparada a tempo. Esse foi um diferencial na rotina dele que o ajudou a alcançar tanto êxito nas competições.

A projeção mental ajuda você a ficar mais preparado para as situações. Parte do seu cérebro, o chamado sistema límbico é o "vulcão das emoções", o centro da busca pelo prazer e pelo afastamento da dor. O sistema límbico reage àquilo que é real e imaginário. Ele responde aos estímulos, independentemente de ser verdadeiro ou fictício. Por exemplo, é ele o responsável por você se assustar durante um filme de terror. Mesmo você sabendo que o cenário é falso, que aquilo tudo é uma armação, ainda assim se assusta. O sistema

Você tem fome de quê?

límbico não sabe o que é real ou imaginário, apenas reage àquilo. Por isso, se você imaginar uma situação, ela provavelmente ocorrerá como pretendido, afinal você está "programando" seu cérebro para agir de determinada forma.

Enquanto assistia aos resultados da pesquisa feita pela Amy Cuddy, ela falou um trecho que me pareceu muito importante realçar. Dizia Amy: "Quando falo sobre isso com as pessoas, que nossos corpos mudam nossas mentes, que nossas mentes podem mudar nosso comportamento, e nosso comportamento pode mudar nosso destino, elas dizem: 'Isso parece falso'. Então eu digo: 'Finja até conseguir'. E, ao longo do discurso, retoma: 'Eu quero dizer a vocês: não finjam até conseguirem, finjam até se tornarem'".

Escala #5x2 CAPÍTULO 8

Fellipe Silvester

"O tempo é a moeda da sua vida. É a única moeda que você tem, e somente você pode determinar como ela será gasta. Tome cuidado para não deixar que outras pessoas a gastem por você."

(Carl Sandburg)

Você tem fome de quê?

Somos rodeados de pessoas. Pessoas das mais diferentes etnias e com as mais variadas características. Pessoas boas e pessoas ruins. Nosso próprio percurso está repleto delas. Alguns estarão a nosso favor e outras serão capazes de eliminar nossos sonhos com palavras e atitudes negativas. Tem gente que quer gastar o nosso tempo. Quem nunca ouviu um "Ah, não faça tal coisa hoje, deixa para fazer outro dia. Fica aí, vamos conversar e tomar uma cervejinha". Inúmeras vezes ouvi de amigos meus: "Ah, Fellipe, você só terá palestra daqui a alguns dias, deixe isso aí de lado, você pode fazer outra hora". Isso porque eles querem gastar o meu tempo. É preciso ter cuidado. As pessoas a todo momento estão querendo que a gente gaste o nosso tempo com elas, precisamos perceber quem é que está apenas consumindo e quem está contribuindo para que sejamos valorizados.

    Alguém já ouviu falar em escala #5x2? Trata-se de viver cinco dias medíocres em função de dois dias felizes. De segunda a sexta é aquela tristeza. Logo no começo da semana já soltamos um "eu não acredito que hoje é segunda", e ficamos torcendo para que a sexta não tarde a chegar. E se no fim de semana tiver um churrasco, as coisas ficam ainda piores. Iniciam-se os preparativos, começam a planejar com os amigos e tal, mas quando chegam ao trabalho é aquela derrota. Chegou a sexta-feira é o ápice. A mulherada vai fazer as unhas, os homens vão ao barbeiro fazer o cabelo e arrumar a barba para sair, afinal agora serão dois dias felizes. Sabe por que isso acontece? Porque você vive cinco dias medíocres em função de aproveitar dois. O problema desse tipo de situação é que ela causa frustração nas pessoas. Viver em função de dois dias reduz sua qualidade de vida, pois você fica com sua mente presa em função apenas do fim de semana. Quando chega domingo, bate aquela dor no coração de iniciar a semana e aí começam-se as lamentações. É preciso valorizar tudo isso, é preciso viver intensamente os sete dias.

Certo dia, eu ouvi uma palestra, que foi narrada e escrita por Nando Pinheiro, e que diz o seguinte sobre viver intensamente.

Uma vez me disseram que a vida é simples. Que podemos ser felizes com pequenos detalhes. Mas o que é preciso? A vida nos ensina que há sempre um caminho novo, que sempre há uma oportunidade.

Somos humanos, erramos, consertamos, aprendemos, mudamos, sentimos dor, ninguém é perfeito, ninguém é pior ou melhor, somos o que somos. Você pode mudar seu caminho, aprender que a vida não é apenas ficar preso à mesma rotina.

Por que deixar para amanhã? Tenho certeza de que você se pergunta: "Por que deixei passar? Por que isso acontece comigo? Por que não consigo? Por que nada dá certo? Por quê?".

Não temos que saber de tudo, mas podemos acreditar, podemos ter fé. Não tente ser o que você não é, me escute: se você tem um sonho, por favor, corra atrás dele. Todos temos obstáculos, todos temos dias difíceis, momentos ruins. Olhe para trás, se despeça das dores passadas, dos momentos não vividos, dos sonhos frustrados... Sorria e siga em frente. Todo

Você tem fome de quê?

mundo tem problemas e os seus podem não ser menores do que das outras pessoas, mas faça deles escadas para colher os frutos dos seus sonhos.

A vida é uma escola que nos ensina constantemente com os nossos erros e com as nossas experiências. Não importa o que aconteceu na sua vida.

Viver intensamente é viver feliz cada instante, cada momento. Você precisa ser capaz de superar os dias difíceis, precisa ser capaz de acreditar nos seus sonhos, precisa viver intensamente. Agora é sempre a hora certa. Não existe na nossa vida um momento mais importante que o AGORA! É só fazer para acontecer. Você vai se dar bem nesse grande desafio. Existe apenas um momento para ser feliz, e esse momento é o presente.

Não existem sonhos impossíveis para aqueles que realmente acreditam. Acredite! Viva para ser feliz! A vitória sempre é possível para as pessoas que se recusam a parar de lutar. Faça de tudo uma vez, e o que mais gostar, faça duas, três, mas faça. O importante é que você viva INTENSAMENTE!

Além dos sete dias que nós temos, existe mais um que é o "amanhã". Tem gente que usa muito. Dá uma tarefa, e ele diz "amanhã eu vou começar", "ah, mas amanhã vai", até que o amanhã nunca chega. Essa é a conhecida procrastinação.

E por meio da teoria das janelas quebradas podemos entender como essa atitude de procrastinar influencia na nossa vida. Criada por James Q. Wilson e George Kelling, a teoria das janelas quebradas diz que, se uma janela de um edifício for quebrada e não for reparada, a tendência é que vândalos passem a arremessar pedras nas outras janelas e posteriormente passem a ocupar o edifício e o destruir.

Assim como quando você procrastina uma tarefa, por mais simples que seja, acostumará seu cérebro a procrastinar outras. Por meio da procrastinação, vamos deixando de fazer pequenas coisas, que exerceram ou poderiam exercer um grande impacto no futuro.

Quebre esse padrão, faça tudo o que for de sua responsabilidade e comemore as pequenas coisas. Não deixe a procrastinação mudar sua vida para pior. Para se ter uma vida que não queira viver, basta apenas não se esforçar para mudá-la. Eu preciso fazer o hoje, eu preciso valorizar tudo isso. Não posso ter uma escala 5x2. Quando tenho essa escala, fico vendo a vida passar. Eu deixo que a vida perca o sentido, que não tenha propósito, não tenho motivos que façam o meu coração bater mais forte. Eu preciso viver os sete dias intensamente. Valorizar esses momentos, tudo que eu vivo, todos os dias, as experiências que são proporcionadas.

CAPÍTULO 9

Meio que...

Fellipe Silvester

"O 'meio que' é letal. Você 'meio que' quer mudar de carreira. Você 'meio que' quer boas notas. Você 'meio que' quer entrar em forma. Se você 'meio que quer algo' você 'meio que alcançará' os resultados que deseja."

(Autor desconhecido)

Você tem fome de quê?

A dúvida nos torna um "meio que". Meio que quero entrar na academia, mas não vou. Meio que quero ter resultados na minha empresa, mas não faço nada. Isso é o mesmo que se tornar um pato, pois a ave meio que anda, meio que nada e meio que voa. Tem muita gente que quer alcançar seus objetivos, mas não faz nada para conquistar tudo isso. Nós não podemos ser um "meio que", precisamos ser um "tudo que". Tudo que faz acontece!

A insegurança cega nossos olhos. Quantas vezes você "meio que" quis colocar um plano em prática e descartou logo em seguida, por não ter confiança em si mesmo?

Há uma crônica, de autor desconhecido, que exemplifica bem o que é a insegurança. Ela diz que, certo dia, um ratinho muito assustado foi procurar Deus e disse:

— Senhor, há um gato que não para de me atormentar.
Deus respondeu:
— Mas o que você gostaria que eu fizesse?
— Quero que me transforme em um gato. Assim, não serei mais importunado.

E assim Deus fez. Passada uma semana, o rato que virou gato procurou Deus novamente, para que Ele o transformasse em um cachorro. Seu pedido foi realizado. Na outra semana, o problema passou a ser um rapaz, e o rato, que tinha virado gato e depois cachorro, não viu outra saída a não ser virar gente. Então, Deus disse:

— Posso fazer você um ser humano, mas se continuar com a cabeça e o coração de um rato, continuará fugindo toda vez que se sentir ameaçado.

Se você leu este livro até aqui, é porque trabalha em si mesmo para melhorar a cada dia. Faz os melhores cursos. Procura conhecimento. Você se empenha para conquistar sucesso, e está certíssimo. Mas nada disso será suficiente se você não tiver o essencial: confiança em si mesmo. Principalmente quando as coisas não acontecerem como o planejado, ou então quando um desafio maior do que o esperado bater à sua porta. Se a vida fosse um mar de rosas, não cresceríamos. Os problemas nos fazem evoluir e somente quem souber tirar proveito deles é que irá se destacar.

Tudo é uma questão de persistência, ter resiliência é acreditar naquilo que você quer. Não só ter iniciativa como ter "acabativa". É preciso começar algo e terminar. Aí é que está o problema da maioria: começa algo e desiste no meio do caminho. Quer começar a academia, vai até ela um dia, sente dor e não volta mais. Tem um sonho, uma porta se fecha, desiste e ainda por vezes solta a frase: "Isso não é para mim". O que será para você se não luta para conquistar? É preciso que você queira com toda a sua vontade, com todas as suas forças, e só assim você alcançará seus objetivos.

Em 2007, quando eu comecei a trabalhar, descobri que as pessoas tinham sucesso porque modelavam outras.

Ou seja, elas se espelham em pessoas que têm bons resultados e aplicam isso nas suas vidas. Foi aí que me deparei com a pergunta: "Por que EU não tenho bons resultados?". Percebi que muitas coisas eu começava, mas não acabava. Era

Você tem fome de quê?

só aparecer alguma dificuldade que deixava meus planos pela metade e retornava só depois de muito tempo. Foi nessa autoavaliação que eu percebi que também era um "meio que" e que precisava mudar isso se realmente quisesse que meus resultados também mudassem. Agora faço a você alguns questionamentos, seja sincero consigo mesmo:

Você, em algum momento da sua vida, já deixou um plano de lado? Por qual motivo? Se você tivesse insistido naquele plano, se não tivesse desistido tão fácil, sabe tentar adivinhar o que mudaria na sua vida? Qual teria sido seu próximo passo? Você ainda pode dar continuidade a esse plano? Então, por que está parado? Qual é seu próximo objetivo? E o que você está fazendo para não desistir no meio do caminho?

Foi essa autoavaliação que fiz comigo, e hoje estou aqui, passando esse conhecimento precioso e, ao mesmo tempo, tão simples. Tudo depende de você. Mas é preciso você começar verdadeiramente a pôr em prática tudo o que está aprendendo, para que assim os resultados apareçam. Algumas coisas, depois que tomei consciência de que começava minhas tarefas e não terminava, acabaram perdendo sentido para mim. Por exemplo, antes eu começava um livro e tinha que lê-lo até o final. Às vezes, o livro não estava me agradando, a leitura estava arrastada e mesmo assim eu me forçava a terminá-lo, e deixava outros que podiam até ser melhores de lado. Hoje não tenho mais isso. Se começo a ler um livro e não gosto, não insisto nele. Tem gente que leva o livro no carro, leva para passear, anda com o livro lendo, coloca na cabeceira da cama. Nem está gostando do livro, mas se sente na obrigação de lê-lo até o final. Esse erro só faz com que a pessoa perca tempo e esteja adquirindo um conhecimento raso, que logo será esquecido, pois não há um envolvimento com a leitura, é quase como se fosse um encargo. Toda vez que o indivíduo olha para o livro, pensa que precisa terminá-lo. Isso foi algo que mudei. Se não está me agradando, paro e pego outro. Não perco meu tempo com o que não me agrega. Além disso, disponibilizo a seguir uma outra ferramenta muito importante. Ela foi criada e utilizada por mim, alguns anos atrás, quando eu começava e não terminava meus afazeres.

Entusiasmo
CAPÍTULO 10

Fellipe Silvester

"**N**enhuma batalha jamais foi ganha sem o poder do entusiasmo." **(John Lord O'Brian)**

Você tem fome de quê?

Você sabe a diferença entre otimismo e entusiasmo? Otimismo é torcer para que as coisas deem certo. É ficar lá torcendo "isso vai dar", "quero que isso aconteça".
Você já leu o livro *O segredo*? Esse livro diz que é necessário mentalizar as coisas para que elas aconteçam. Mas sinto muito em dizer que apenas mentalizar não adianta. Ninguém vai bater na sua porta e entregar o seu carro dos sonhos ou aquela casa que você planeja ter. Ninguém trará até você o casamento que você deseja, o ídolo que você sonha conhecer ou qualquer outro objetivo que você tenha em sua vida. Você precisa entrar em ação!
Entusiasmo é fazer com que as coisas aconteçam. É dar passos firmes em direção àquilo que você quer. Não é ficar torcendo para o acaso presentear você. Quando se está entusiasmado com algo, fazemos por prazer e não obrigação. É ele a única ferramenta que faz com que seus objetivos aconteçam de verdade. Não se cria uma realidade sem estar entusiasmado com ela, assim como não se coloca um sonho em prática se não temos o entusiasmo de acreditar que aquilo irá dar certo. O sentimento de entusiasmo é a força criadora em você prestes a ser usada, é ele quem projeta sua imagem mental no real.
No livro *101: Relationships*, do autor John C. Maxwell, há um relato a respeito de uma experiência realizada em laboratório,

com ratos. O objetivo era demonstrar o sentimento de esperança e entusiasmo do animal. Segundo a descrição, o rato foi colocado para nadar dentro de uma jarra com água em um ambiente completamente sem luz. Resultado: o roedor procurou por salvação durante apenas três minutos e desistiu. Os cientistas, então, repetiram a situação, colocando outro rato, dessa vez deixando a luz entrar no ambiente. Isso foi suficiente para o animar, e fazer com que nadasse em busca de salvação por trinta e seis horas até desistir. Um feixe de luz foi suficiente para trazer a esperança ao rato. Eu desejo que você tenha entusiasmo para enxergar nos pequenos feixes grandes oportunidades!

Pesquisando mais um pouco, descobri outro experimento que ilustra bem o que é ter entusiasmo. O biólogo e psicólogo chamado Curt Richter, por volta de 1950, pegou alguns ratinhos e os colocou em um balde cheio de água. Cronometrou o tempo que os ratos levavam para desistir e se afogar. Percebeu que a média era de 15 minutos. Em seguida, ele repetiu a experiência com um novo grupo de ratos, mas dessa vez ele os resgatava antes dos animais desistirem. Curt os secava, alimentava-os e permitia que se recuperassem antes de colocados de volta na água. Os ratinhos aguentaram nadar por até 60 horas, antes de desistirem e se afogarem. Isso deixa explícito que o que nos motiva a continua a lutar é o nosso entusiasmo.

Em tudo que você fizer, coloque toda sua energia, toda sua vontade de fazer o melhor. Faça com entusiasmo. Leia com entusiasmo. Converse com entusiasmo. VIVA com entusiasmo! Escolha hoje ser um vitorioso, o que tiver para fazer, faça o melhor que conseguir. Vá sem medo e perca essa mania de esperar tudo cair do céu.

O gênio mental Buda, por exemplo, já fazia uma analogia dos seres humanos a quatro tipos de cavalos. O primeiro é o cavalo que se move antes que o chicote toque seu corpo. O segundo se move com o menor contato. O terceiro, e regular, não se move até que sinta dor. O quarto cavalo, considerado

Você tem fome de quê?

ruim, é o grupo que não se move até que o chicote tenha penetrado em sua medula. A diferença básica entre o primeiro grupo de cavalos e o último, por exemplo, é que um tem o entusiasmo de seguir adiante por vontade própria, enquanto o outro aguarda até sentir uma dor profunda para a mesma tarefa. A qual dos quatro grupos você pertence hoje?

Para despertar o entusiasmo dentro de você, é necessário que identifique pessoas que o tenham, pois quando essas pessoas emanam entusiasmo, elas acabam contribuindo com a sua vida. Tudo que eu faço interfere na vida das pessoas. Por exemplo, hoje eu me atrasei, pois tive que ficar alguns minutinhos a mais no trabalho, para atender uma pessoa da minha equipe, que precisava falar comigo. Ela até me perguntou: "Você tem cinco minutos para me atender?". O fato de ficar cinco minutos a mais no meu trabalho mudou a vida dela, mudou a vida do motorista que me deu a preferência na hora em que saí, e que ficou 15 segundos atrás do que ele iria viver. E talvez esses 15 segundos que deixaram essa pessoa para trás podem ter colaborado com que encontrasse alguém; pode ter visto a mulher da sua vida; os 15 segundos podem ter evitado um acidente. Enfim, tudo que eu faço na minha vida está contribuindo ou não com as vidas de outras pessoas. O que é necessário, se não for essencial, é ter um filtro na cabeça, que ajude você a ficar perto de pessoas que emanam o bem, o entusiasmo, o alto-astral.

Objetivo

CAPÍTULO 11

Fellipe Silvester

"Se quer viver uma vida feliz, amarre-se a uma meta, não às pessoas nem às coisas."

(Albert Einstein)

Você tem fome de quê?

Você tem um objetivo na vida? Provavelmente sim, todos nós temos. Alguns maiores, outros menores. Alguns ricos em detalhes, outros simples. O importante é ter objetivo. Em muitos lugares que vou dar palestra, questiono as pessoas: "Você tem um objetivo?". E, por alguns minutos, elas param para pensar. Se eu tivesse a capacidade de realizar apenas um objetivo seu, qual seria? Você saberia me dizer ao menos UM desejo? Se eu dissesse que poderia realizar dois, três, quatro ou cinco, até seria mais fácil, mas apenas um é complicado. Já parou para pensar nisso? Qual é sua prioridade agora?

É preciso ter objetivos na vida. Quem não os tem, não sabe o que quer e aceita o que vier. São os objetivos que nos movem. Tome por exemplo o estudo de Napoleon Hill. No começo do século XX, tinha-se a dúvida de qual era o ponto comum entre pessoas de sucesso. Por isso Napoleon foi contratado e, por cerca de 20 anos, pesquisou seis mil pessoas, entre elas: Thomas Edison, Graham Bell, George Eastman, Henry Ford, John Rockfeller, Theodore Roosevelt e Woodrow Wilson.

Após muito estudo, o resultado foi transformado em um curso, que posteriormente se tornou no livro *A lei do triunfo*, onde Napoleon reúne 16 leis que todas as pessoas de sucesso seguem, conscientes ou inconscientes. São elas:

1- Associação com outras pessoas

A primeira lei que foi percebida é que nenhuma pessoa de sucesso venceu sozinha. Todos se inspiraram ou trabalharam com pessoas que tinham a mesma linha de pensamento de quem os buscava. Para Napoleon, quando duas mentes se juntavam, eram chamadas de *Master Mind* – ou Mente Mestra.

2 - Objetivo definido

E é aí que eu quero chegar. As pessoas de sucesso, que foram entrevistadas pelo escritor, tinham seus objetivos claros e muito bem definidos. Elas sabiam aonde queriam chegar. Não alcançaram seus sonhos sem um planejamento rico em detalhes.

"O objetivo principal na vida deve ser escolhido com um grande cuidado e, depois de selecionado, deverá ser escrito e colocado num lugar onde se possa vê-lo pelo menos uma vez por dia. Isso tem por efeito psicológico impressionar o subconsciente da pessoa, de tal maneira que ela aceite esse propósito como um lema, um projeto, uma 'planta' que finalmente dominará as suas atividades na vida e a guiará, passo a passo, para a consecução desse objetivo."

(Napoleon Hill)

3 - Confiança em si mesmo

Como alguém acreditará no seu potencial se nem mesmo você acredita? É preciso ter confiança, para resolver o problema ou para saber quem chamar para solucioná-lo. É preciso demonstrar que você confia em si, e que tudo está sob controle.

Você tem fome de quê?

4 - Economia
Educação financeira é regra essencial para quem quer ter sucesso. O estudo demonstrou que as pessoas de sucesso sempre economizavam, e por isso tinham mais oportunidades de investir em novos negócios.

5 - Iniciativa e liderança
Nem todos possuem o espírito de liderança, mas isso não significa que você não será uma pessoa de sucesso. Para Napoleon, embora algumas pessoas não tenham liderança, isso pode ser trabalhado e melhorado. É importante lembrar que os líderes são aquelas pessoas que decidiram tomar a iniciativa de assumir o controle de suas próprias vidas, de empreender e de sair da mesmice.

6 - Imaginação
É preciso pensar além. Sair da mesma caixa de sempre. Segundo Napoleon, boa parte dos seus entrevistados, para obterem sucesso, tiveram de pensar em um negócio que não existia, para assim criar uma solução que ninguém criou antes.

7- Entusiasmo
O combustível que move o ser humano é o entusiasmo. Em todas as histórias de pessoas de sucesso é nítido perceber o entusiasmo pela ideia, pela empresa, ou seja lá qual for o foco. Com entusiasmo, até mesmo seus desafios se tornam degraus para alcançar o sucesso.

8 - Autocontrole
Ter controle sobre si mesmo e suas atitudes é um dos pontos mais importantes para atingir o sucesso. Pensar a longo prazo e nas consequências de seus atos, não ser escravo de si mesmo e das tentações mundanas ou de estados alterados de consciência como a embriaguez, por exemplo, são passos essenciais para quem quer estar no controle da sua própria vida.

9 - Hábito de fazer mais do que a obrigação
Segundo o autor, existem dois tipos de pessoas que nunca serão de sucesso: (1) Aquelas que não fazem o que é pedido e (2) aquelas que só fazem o que é pedido. Se você quer se destacar, deve ser melhor do que a maioria, ou seja, fazer mais e melhor do que a maioria. Caso contrário, você só será mais uma pessoa mediana no mundo.

10 - Personalidade atraente
Os negócios são resultados diretos de interações humanas. Cultivar uma personalidade agradável nada tem a ver com a beleza exterior. Trata-se de como você se comporta em relação aos outros. Não é preciso que você se torne *miss* simpatia, mas se quer alcançar patamares mais altos, deve ao menos ter uma companhia agradável.

11 - Pensar com exatidão
Você já sabe exatamente o que quer? Deixe isso claro na sua mente. Só alcançamos algo quando pensamos com exatidão o que queremos. Devemos treinar nosso pensamento para direcionar seu foco apenas naquilo que realmente fará a diferença no nosso resultado final.

12 - Concentração
Quando não nos concentramos em uma pintura, por exemplo, o resultado final dela não será tão agradável quanto gostaríamos. A nossa desatenção sempre resultará em trabalhos malfeitos, falta de foco, sensação de excesso de informação e um grande sentimento de frustração. Concentre-se.

13 - Cooperação
A cooperação é o melhor caminho para a realização pessoal e profissional. Ela não deve ser pensada somente no interesse próprio, mas também no bem-estar das pessoas com quem você se relaciona.

Você tem fome de quê?

14 - Fracasso

Como o fracasso está em uma lista para alcançar o triunfo? É simples, os maiores nomes da história do mundo fracassaram diversas vezes tentando. A cada fracasso, você descobre uma oportunidade nova que não dará certo ao seu negócio. É um caminho que você não deve seguir novamente. O fracasso dá novas chances para você se reerguer e tentar algo maior e melhor.

15 - Tolerância

Para lidar com as derrotas e com as adversidades, só com uma boa dose de tolerância. A maior recomendação que alguém que está buscando uma melhoria na qualidade de vida pode receber é a de aproveitar toda a jornada, não apenas a realização da meta. O momento em que você realiza o objetivo é muito fugaz perto de todo o caminho que você tem para percorrer até ele.

16 - Fazer aos outros o que gostaria que fizessem a você

Essa é a lei de ouro. Tanto no mundo dos negócios quanto no mundo espiritual, só faça aos outros aquilo que você gostaria que fizessem com você.

Muitas pessoas dizem que gostariam de mudar, mas ao mesmo tempo estão acomodadas com seus erros e lugares que estão ocupando na vida, não têm a mínima ideia de aonde gostariam de chegar. Sem ter um objetivo traçado, é muito complicado realizar alguma coisa. Não devemos ser 100% orientados a metas, contudo, se não tivermos um lugar para onde ir, será difícil saber como chegar lá.

Imagine um barco. Agora imagine que o barco perdeu o leme. Certamente ele irá girar, e girar no mesmo lugar, até o combustível acabar e o barco começar a afundar. É exatamente isso que acontece se você não tiver objetivos. No fim, só ficará girando em círculos, esperando seu combustível acabar. Com isso, você irá dispersar energia e certamente perder a motivação.

Inconformismo positivo

CAPÍTULO 12

Fellipe Silvester

"São os inconformados que transformam o mundo."

(Autor desconhecido)

Você tem fome de quê?

O inconformismo positivo é estar insatisfeito por algo que é muito bom. Por exemplo, quando você termina de assistir a um filme e está tão bom que você quer assistir a dois, três, às vezes até quatro no mesmo dia. Ou quando você lê um livro e é tão bom que você diz "vou ler de novo para fazer novas anotações", porque você quer mais daquele conhecimento. É quando você vai a uma palestra ou treinamento e volta para casa com aquela vontade de aprender mais sobre aquilo que foi ensinado. Você está inconformado positivamente por algo.

O sentimento de não se conformar com algo, seja *status*, uma situação ou um estado de espírito, é o inconformismo. É a busca pelo novo.

Pessoas de sucesso são inconformistas natas, elas nunca estão satisfeitas com o patamar que já alcançaram, sempre buscam mais.

Paulo Freire (1921-1997), educador, pedagogo e filósofo, brasileiro mais renomado na área de pedagogia, não se conformava com a educação que oprimia e não conscientizava.

Malala, a garota paquistanesa mais nova a conquistar o Prêmio Nobel, não se conformava com a falta de direito das mulheres e lutou contra isso.

Mandela dedicou sua vida ao estudo do Direito e, como homem das leis, lutou para que elas tratassem com igualdade todos os seres humanos, independentemente da sua cor. O mundo é movido por pessoas que se conformam e lutam por um ideal. Nós necessitamos encontrar nosso objetivo. É preciso conectar nosso GPS. De nada adianta ter um carro de última geração e com um tanque cheio, mas não saber o endereço em que queremos chegar. Nosso objetivo final deve ser claro, caso contrário você irá ficar andando, andando, até gastar todo o combustível que existe em você. É preciso um endereço de aonde quer chegar, daquilo que você deseja conquistar.

Acreditar

CAPÍTULO 13

Fellipe Silvester

"Passa-se a acreditar naquilo que se repete frequentemente para si mesmo, quer seja verdade ou mentira. Isso passa a ser um pensamento dominante na mente."

(Robert Collier)

Você tem fome de quê?

Eu falo que um dos primeiros passos, ou o mais importante deles, quando você deseja entrar em ação ou conquistar resultados é acreditar em você mesmo. Acreditar naquilo que você é capaz. Em todos os passos que eu dou, eu preciso acreditar em mim mesmo. Não posso esperar que a pessoa acredite em mim, ou que deposite um voto de confiança. É eu que tenho que acreditar para buscar aquilo que desejo.

Você já ouviu dizer que nosso maior inimigo é a nossa própria mente? Ninguém pode atormentar você mais do que seus próprios pensamentos. O maior inimigo que nós podemos ter na vida está dentro da gente, somos nós; eu é que faço perder, eu que faço não dar certo, assim como sou eu o único que sabe o tamanho do meu potencial. Somos seres especiais e dotados de diversos poderes que demoramos a perceber, somos capazes de tudo! Temos o poder da atração ao nosso favor.

Uma das mais famosas leis do universo é a da atração, que é tão exata quanto a lei da gravidade. Criada por um grupo de estudiosos, autores, filósofos e religiosos chamado *New Thought*, a lei diz que os pensamentos das pessoas (tanto conscientes quanto inconscientes) ditam a realidade de suas vidas.

Segundo a explicação científica, todos os seres vivos são um aglomerado de átomos que emitem ondas eletromagnéticas o tempo todo. E é isso que nos aproxima ou afasta do que queremos nas nossas vidas. Sendo assim, a dúvida ou a incerteza do que se quer não cria a realidade.

Sempre que você solta frases negativas como "eu não posso" ou "eu não tenho sorte", você está bloqueando a energia positiva do seu coração e interrompe o contato com o lado bom da vida. Pense em frases positivas. Conviva com pessoas positivas e não deixe que as pessoas negativas influenciem você. Existe uma velha e sábia frase que diz: "Um barco só afunda se permitir que a água inunde o seu interior". Somos como barcos. Se você deixar que as críticas e os tropeços inundem seu interior, não há outra saída senão naufragar.

Toda vez que você abre mão de uma oportunidade porque alguém diz que você não é capaz, está dando dois passos para trás na sua vida.

Sucesso é uma decisão, então comece a agir!

Há uma fábula que conta sobre um viajante que estava caminhando pelas margens de um grande lago. Seu desejo era encontrar uma forma de chegar até o outro lado, onde era seu destino.

Suspirou profundamente enquanto tentava fixar o olhar no horizonte. A voz de um homem de cabelos brancos quebrou o silêncio momentâneo, oferecendo-se para transportá-lo. Era um barqueiro.

O pequeno barco envelhecido, no qual a travessia seria realizada, era provido de dois remos de madeira de carvalho.

O viajante olhou detidamente e percebeu o que pareciam ser letras em cada remo. Ao colocar os pés empoeirados dentro do barco, observou que eram mesmo duas palavras. Num dos remos estava entalhada a palavra acreditar e, no outro, agir. Não podendo conter a curiosidade, perguntou a razão daqueles nomes originais dados aos remos.

O barqueiro pegou o remo, no qual estava escrito acreditar, e remou com toda força. O barco, então, começou a dar voltas, sem sair do lugar em que estava. Em seguida, pegou o remo em que estava escrito agir e remou com todo vigor.

Você tem fome de quê?

Novamente o barco girou em sentido oposto, sem ir adiante. Finalmente, o velho barqueiro, segurando os dois remos, movimentou-os ao mesmo tempo, e o barco, impulsionado por ambos os lados, navegou por meio das águas do lago, chegando calmamente à outra margem.

Então, o barqueiro disse ao viajante:
"Este barco pode ser chamado de autoconfiança. E a margem é a meta que desejamos atingir".

Para que o barco da autoconfiança navegue seguro e alcance a meta pretendida, é preciso que utilizemos os dois remos ao mesmo tempo, e com a mesma intensidade: agir e acreditar. Acreditar é a palavra que resume os pacientes do "efeito placebo". O medicamento chamado placebo parece ser um remédio comum, diferencia-se por uma questão: não possui efeito ativo, ou seja, não faz qualquer alteração no organismo. Inicialmente, o remédio era usado apenas para testes de novos medicamentos. Algumas pessoas faziam o tratamento com o remédio novo, enquanto outras com um placebo. Assim, no final do teste, se os resultados forem iguais para os dois grupos, é sinal de que o novo medicamento não faz qualquer efeito.

O curioso é que algumas pessoas tiveram melhoras em seu estado de saúde porque, embora não provoque qualquer alteração no organismo, pode modificar a forma como a pessoa se sente, ajudando a melhorar os sintomas e até aumentando o sucesso do tratamento que já estava sendo feito. O remédio não possui poder de cura, mas a teoria indica que o uso desse tipo de tratamento se baseia nas expectativas da pessoa. Ou seja, quando se toma um medicamento, esperando que tenha um determinado efeito, os próprios processos químicos do corpo tentam imitar o efeito e produzem alterações no organismo, melhorando os sintomas, por exemplo.

A crença no medicamento faz com que os pacientes se curem sozinhos. Hoje, eu espero que a crença que você tem de que pode alcançar seu objetivo seja tão forte e verdadeira quanto foi a desses pacientes.

Crenças limitantes

CAPÍTULO 14

Fellipe Silvester

"Nossas crenças se transformam em nossos pensamentos, os nossos pensamentos em palavras, as palavras em ações e estas ações repetidas se tornam hábitos. E esses hábitos formam nossos valores e nossos valores determinam nosso destino."

(Mahatma Gandhi)

Você tem fome de quê?

Não quero falar sobre religião. Cada um tem a sua e respeito isso. Eu costumo falar que crenças são as janelas pelas quais você vê o mundo. Elas são ideias que você já viu, ouviu ou concluiu e que acabam se tornando uma verdade absoluta para você. É preciso ter crenças positivas, pois elas influenciam na direção da sua vida.

Tem gente que diz assim: "Ah, cresceu com aquela crença de que precisa arrumar um emprego para ter um salário fixo". Agora eu pergunto a você, tem algo errado nisso? Bem, se essa realmente for uma crença, tem sim. O salário fixo tem um problema, ele não sobe nem desce. Aí você fica limitado. Você atende um valor, uma crença.

Tem gente que diz, por exemplo, que pau que nasce torto nunca se endireita. Isso não é uma verdade, é uma crença que foi implantada. Afinal, as pessoas têm a capacidade de mudar e de se transformar a todo momento para buscar grandes resultados.

Outra frase comum: "Os últimos serão os primeiros". Para mim, essa foi é a maior mentira contada para um coitado de um derrotado que chegou em última colocação em uma competição qualquer. Deram um tapinha nas costas dele e falaram: "Os últimos serão os primeiros". E a frase viralizou. Algumas pessoas seguem essa crença até hoje. Sempre acham que não conquistaram os resultados desejados, mas amanhã serão as primeiras a conquistar. E aí no outro dia, elas são as últimas de novo. Sempre chegam depois de todo mundo, mas insistem em dizer que os últimos serão os primeiros. Existem três tipos de crenças, a hereditária, a social e a pessoal. A primeira é adquirida com seus pais. São aqueles velhos ditados que eles repetem dia após dia, os mesmos velhos costumes, que com o tempo, mesmo sem que você perceba, acaba reproduzindo. A segunda é adquirida por meio da mídia ou imposta pela sociedade. Alguns exemplos são aquelas frases como "o mundo está perigoso" ou "você só terá um corpo bonito se for magro(a)". A terceira é a pessoal, e as crenças se tornam verdades por meio da experiência. Por exemplo, após um término, pode criar a crença de que nunca ninguém irá se apaixonar por você, ou não gosta de você.

As crenças são como ímãs. Tudo em que você acredita, atrai. Por isso, se pensar que a vida é ruim, ela será. Se pensar que não pode alcançar seus objetivos, você não os alcançará. Você atrai situações compatíveis com a sua vibração. Por isso, é preciso ter uma crença poderosa.

Eu preciso sair todo dia de casa e valorizar aquilo que eu tenho. Preciso me olhar no espelho e dizer "vá lá e arrase". "Vá lá e detone". "Vá lá e dê o seu melhor!!!"

Eu sei que você já conquistou grandes coisas para chegar até aqui. Teve que superar grandes desafios. Ou seja, você tem capacidade de conquistar o mundo. Só precisa saber usar as crenças fortalecedoras, pois elas farão com que você suba para o próximo nível e alcance seus resultados.

Tente evitar crenças como "não sou bom o suficiente", "não consigo aprender isso", "nunca vou conseguir alcançar meus objetivos ou realizar meus sonhos", "não mereço sucesso", "sou muito velho para isso", "felicidade de pobre dura pouco" e qualquer outra frase que jogue você para baixo ou faça com que se sinta inferior.

A metáfora do elefante preso por uma pequena corda

Você tem fome de quê?

ilustra muito bem o que as crenças limitantes fazem na nossa vida. O circo se instalou naquela cidade e trouxe várias atrações. Logo, as pessoas se aglomeravam para ver a principal delas, um elefante, que durante o dia ficava do lado de fora amarrado por uma pequena corda. Um jovem, observando aquela pequena corda que segurava o animal, se aproximou do domador que tratava o bicho e expôs a sua curiosidade.

— Amigo! Essa pequena corda não vai segurar esse elefante se ele resolver escapar. Pode ser perigoso um bicho desse tamanho solto pelas ruas de nossa cidade.

O que respondeu o domador olhando calmamente para o curioso:

— Ele nunca vai escapar!

O jovem insistiu:

— Mas como você tem tanta certeza de que ele nunca tentará escapar? É um espaço pequeno e essa fina corda não vai segurá-lo se resolver conhecer a cidade.

O domador, olhando dentro dos olhos do rapaz, esclareceu:

— Ele não sabe a força que tem!

O rapaz, não satisfeito, questionou aquele homem que parecia ser imune à preocupação.

— Mas ele poderia tentar e logo saberia que é muito mais forte do que essa corda que o prende.

O domador, continuando a tratar o elefante, respondeu ao rapaz curioso:

— Para ele saber que pode, teria que ser treinado desde pequeno. Agora já é adulto e segue as ordens como aprendeu durante a vida.

O rapaz sorriu com um olhar sarcástico.

— Ah, mas se ele tentasse, você estaria em apuros.

O domador devolveu o sorriso com o mesmo sarcasmo com que foi interrompido.

— Meu jovem, quantas pessoas você conhece que seguem ordens todos os dias e nunca fizeram nada diferente do que foram treinadas e que nunca tentaram escapar? O elefante é como uma pessoa. Amarrado desde pequeno em uma corrente, ele vai tentar e tentar escapar daquele espaço querendo descobrir novas coisas. Com o tempo, vai acreditar que nunca conseguirá e assim podemos amarrá-lo, domá-lo e usá-lo para o que quisermos. Com uma pequena corda, ou até um barbante, podemos segurá-lo. Enquanto estiver alimentado em sua zona de conforto, esse pequeno espaço, nunca tentará nada diferente.

CAPÍTULO 15

Valores

"Uns tem preço.
Outros valores."

(Bitiz)

Você tem fome de quê?

Os valores são características conjuntas e naturais de cada ser humano, eles determinam como cada um de nós é, se comporta e se desenvolve no contexto social. Para além, essa palavra pode remeter a outros significados, como talento e merecimento, entre outras características. Quando relacionada aos indivíduos, exerce função moral que é diretamente ligada à conduta de cada sujeito. Esses valores também são culturais e sociais, pois afetam a convivência em sociedade.

Diversos autores já apontaram que, atualmente, existe uma crise que cada pessoa pode vir a enfrentar, a chamada crise de valores. No mundo, existem X exemplos de indivíduos, sejam eles bons ou que apresentem atitudes más (egoístas, violentos, possessivos etc.). Partindo dessa ideia, é necessário repensar o que desejamos emanar ao mundo e quais características nos representam.

Em alguns momentos, nossos valores são colocados em xeque. Eu, por exemplo, tive dois sonhos até hoje. Um era de apresentar algumas atitudes que me tornassem semelhante ao Silvio Santos. Quando realizei uma palestra para a rede de saúde, percebi que havia pessoas de todas as cidades da região. O que eu fiz? Solicitei que as caravanas fossem aplaudidas. Realizei o que desejava. Não sou o Silvio, não tenho a quantia de dinheiro que ele possui, mas hoje gostaria de explicar uma coisa para você.

Fellipe Silvester

Vamos supor que eu tenha R$ 100 nas mãos, amasso o dinheiro e pergunto: alguém quer? E se eu pisar? Todo mundo ainda quer, certo? Mesmo que eu amassasse e pisasse, as pessoas ainda querem, qual o motivo? A resposta está no valor que o dinheiro possui, e ele não perdeu isso. Na vida é a mesma coisa. Às vezes algumas adversidades, preocupações e o mundo batendo na gente quando procuramos o sucesso causam sofrimento, doem, mas isso não nos faz perder o valor que já possuímos. Por esse motivo, é extremamente importante que cada pessoa se valorize. Seja fiel ao que realmente faz sentido em sua vida. Se as portas se fecham, não quer dizer que não estamos ganhando com isso. Lembre-se: precisamos passar pelas dificuldades, isso significa ressignificar para ainda ter valor.

365 pensar

CAPÍTULO 16

Fellipe Silvester

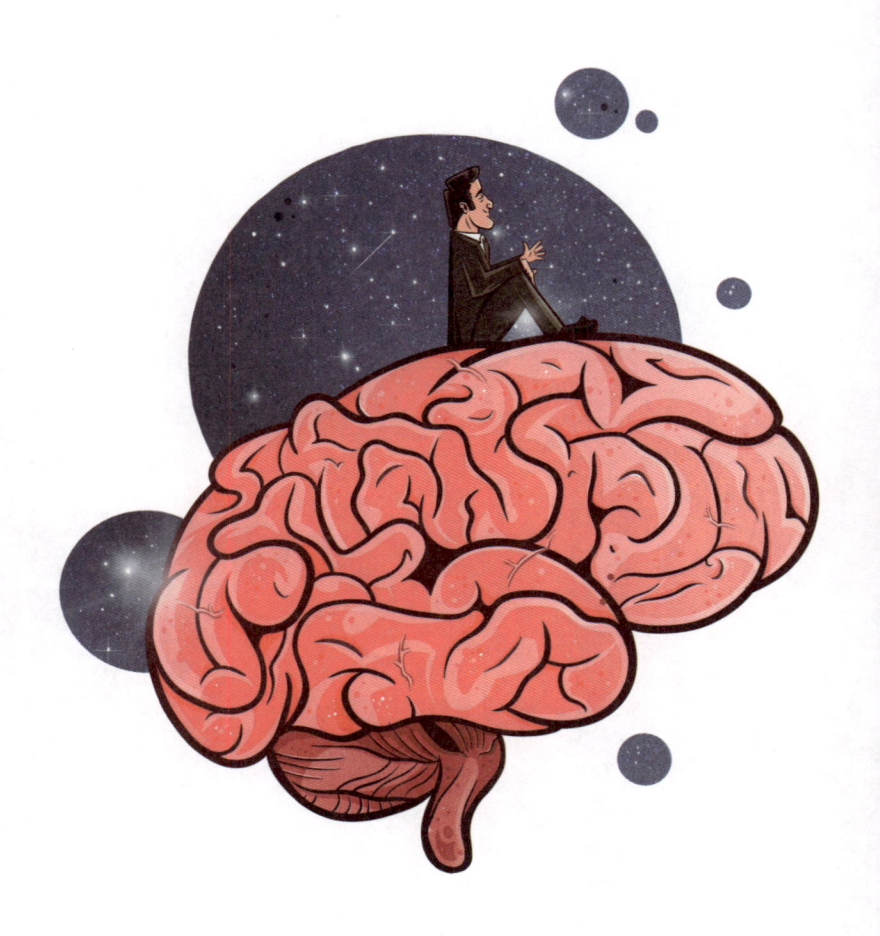

" **S**omos o que pensamos. Tudo o que somos surge com nossos pensamentos. Com nossos pensamentos, fazemos o nosso mundo."

(Buda)

365 pensar

Essa é uma tática desenvolvida por mim, que consiste em pensar todo dia em diferentes formas de alcançar tudo o que desejo. No final de cada ano, percebi que havia encontrado 365 novas possibilidades de alcançar o que quero. Passamos a vida tentando de uma única forma e insistindo no erro. Um exemplo é o sujeito que chega à sala de reunião, encontra fechada e vai embora. O certo é tentar empurrar, girar o trinco, encontrar uma maneira. Essa pessoa abandona sua vontade e desiste, todos os dias repete e percebe que o resultado é sempre o mesmo.

É legal, importante e interessante para o crescimento pessoal pensar em diversas alternativas, mas lembre-se: não adianta pensar, mas não colocar em prática, isso se tornaria o que chamamos de obesidade mental. Desse modo, significa que o sujeito coloca capacidades, habilidades e características na mente, mas não se movimenta para que as coisas passem a dar certo. É preciso ter conhecimento e compartilhá-lo com quem se ama. É preciso, todos os dias, colocar em prática. É preciso desenvolver.

Fellipe Silvester

"**S**ó se pode alcançar um grande êxito quando nos mantemos fiéis a nós mesmos."

(Friedrich Nietzsche)

5 passos para alcançar o sucesso

1 - Pense positivo
É preciso ser positivo. Pensar positivo. Ter bom humor. É preciso saber encarar a vida de forma positiva. Pensar em novas e MELHORES formas de atingir seus objetivos.

2 - Direção
Vou por aqui? Vou por ali? Ou por lá? É necessário saber aonde se quer chegar. É preciso ter direção e analisar por qual caminho você quer seguir. Depois de delimitada a direção, é só colocar combustível e ir ao encontro do seu sonho.

3 - Atitude
Esse é o sinal que eu considero de mais atitude. É preciso ter muita atitude e coragem para mostrar o terceiro dedo a alguém. Você precisa de atitude para encarar sua vida, para ousar e fazer o inovador. São as atitudes que você tem hoje que vão definir quem você será lá no futuro.

4 - Valores
Talvez seja por isso que os casais usam a aliança no dedo anelar, pois ele está ligado aos valores. Seja fiel aos seus valores e àquilo em que você acredita verdadeiramente, seja família, sucesso, contribuição, amor etc. Seus valores estão

diretamente conectados aos seus objetivos. Se, por exemplo, para que você cresça na empresa em que trabalha for preciso dar uma rasteira em um colega, mas tem como um dos seus valores a justiça, nunca conseguirá alcançar isso. Você irá se autossabotar e não saberá que isso está acontecendo. Certamente, soltará a frase "poxa, as coisas nunca dão certo para mim". Isso porque seus objetivos não estão ligados aos seus valores. Se você ainda não sabe quais são seus próprios valores, se pergunte hoje!

5 - Detalhes
São os detalhes que fazem a diferença. São as pequenas ações que você faz todos os dias que farão você alcançar o que deseja. Quando você for apresentar algo, dê o seu melhor, faça o máximo que puder. Apresente-se ao universo, suba no palco e dê o seu *show*. Mostre a ele que você é capaz!!!
Essas são as cinco dicas que eu entrego de presente a você. Quem eu fui começa agora. Quem eu serei começa agora. Quem eu sou começa agora!

Você tem fome de quê?

Ao comprar este livro, você literalmente está fazendo alguém evoluir e até mesmo matando uma fome. Esta obra foi escrita com um propósito de contribuir, para que cada pessoa mate sua fome e evolua todos os dias, transformando o seu mundo e de todos a sua volta. E muitas dessas pessoas estão onde menos se espera que a transformação aconteça e nos lugares mais carentes.

Por isso, nos unimos com um frade disruptivo, Frei Alexandro, fundador do projeto Anjos Inocentes, para profissionalizar e criar o primeiro curso de desenvolvimento "Fome de que", voltado para crianças e jovens. Nosso modelo de matar a fome será usado para impactar centenas de pessoas.

Crianças e jovens, além de terem acesso a esporte, cultura, educação, vão poder ter acesso a uma maneira de gerar transformação duradoura em suas vidas. Gerando riqueza, criando empresas, contribuindo para o seu mundo de uma maneira jamais imaginada antes. Não vão ser mais acasos do destino, mas agentes da própria transformação.

Por isso, todo o lucro deste livro será doado para as crianças e jovens líderes do projeto Anjos Inocentes. E, ao adquirir esta cópia e muitas outras cópias para doar para amigos ou para sua equipe, você ajuda esse sonho a se tornar realidade.

Esses jovens vivem em um contexto presos com os pés no chão, mas acreditamos que não se pode concordar em rastejar quando nosso impulso é voar.

Obrigado por dar o impulso desse voo.

Você é um faminto e ajuda a matar a fome.

@projetoanjosinocentes

#FOMEDEQUE